Maria Braig

Nennen wir sie Eugenie

Verlag 3.0

Maria Braig
Nennen wir sie Eugenie
Roman
Ubuntu | Außenseiterthemen, die alle angehen

ISBN – Print 978-3-95667-061-9 Druckausgabe
ISBN – eBooks 978-3-95667-062-6 ePub
978-3-95667-063-3 mobi

50181 Bedburg, Neusser Str. 23 | http://buch-ist-mehr.de

Sollten Sie Fragen oder Anregungen haben, können Sie gerne eine E-Mail senden an: service@verlag30.de

Lektorat: Marius Hanke | www.zwergriese.wordpress.com
Umschlaggestaltung: Attila Hirth | www.kurziv.hu
Umschlagfoto: Diversity Studio | http://de.fotolia.com/id/58610892
Satz und Layout: Olaf Lange, 69126 Heidelberg
e-Book-Erstellung: Gerd Schulz-Pilath | datamorgana@mac.com

Printed in EU

Bibliografische Information der Deutschen Nationalbibliothek
Die Deutsche Nationalbibliothek verzeichnet diese Publikation in der Deutschen Nationalbibliografie; detaillierte bibliografische Daten sind im Internet über http://dnb.ddb.de abrufbar.

Bei der Recherche für einen Artikel über lesbische Flüchtlinge im deutschsprachigen Raum stieß ich auf die Geschichte von Eugenie.

Eine junge Frau aus dem Senegal hatte Asyl in der Schweiz gesucht, weil sie wegen der Liebe zu einer Frau und der drohenden Zwangsverheiratung mit einem Mann ihre Heimat verlassen musste. Eine Mitarbeiterin der Schweizer Sektion von Amnesty International erzählte mir in anonymisierter Form, was sie vom Schicksal der jungen Senegalesin wusste, einem Schicksal unter vielen: „Nennen wir sie Eugenie", so begann ihr Bericht.

Auf der realen Grundlage dieses Schicksals beruht die hier entwickelte Handlung, die Einzelheiten allerdings sind erfunden oder anderen Lebensgeschichten entnommen. Sie könnten so geschehen sein, aber auch ganz anders. Eugenies Geschichte spielt in Deutschland anstatt in der Schweiz, da mir die Verhältnisse, in denen Flüchtlinge hier (über)leben müssen, bekannter sind als die im Nachbarland. Die Fakten beziehen sich nicht auf eine Stadt oder ein bestimmtes Bundesland. Hier mischt sich vieles aus unterschiedlichen Regionen und verschiedenen Herangehensweisen, die aber letztendlich alle so angelegt sind, dass Flüchtlinge sich im Zufluchtsland nicht wohlfühlen sollen, um sie schnellstmöglich wieder loszuwerden.

Eine Geschichte, wie sie heute in vielen Ländern von viel zu vielen Menschen durchlebt werden muss.

Nennen wir es Deutschland …

Nennen wir sie Eugenie …

KAPITEL 1

Es fühlte sich an, als säße sie in einer zersplitternden Glaskugel, die jederzeit endgültig in sich zusammenfallen und sie unter ihren Scherben begraben konnte. Die Glaskugel barg ihr Leben, aber sie war hohl, konnte keinen Schutz bieten. Die gläserne Hülle war äußerst dünn, dünner als sie je geglaubt hätte. Was blieb von ihrem Leben, wenn die Kugel barst? Was blieb von ihr? Wer war sie überhaupt?

Das Zimmer war verschlossen. Erst hatte sie es nicht glauben wollen und wiederholt die Klinke probiert. Es blieb dabei. Auch durch das Fenster konnte sie nicht hinaus, es war vergittert – ursprünglich als Schutz vor den Gefahren der Welt, die von außen hätten eindringen können, in ihr Zimmer und in das kleine Häuschen in der Vorstadt. Jetzt hatte es sich ins Gegenteil verkehrt: Das vergitterte Fenster nahm ihr die Möglichkeit, Schutz in der Welt draußen zu suchen. Schutz vor der Gefahr, die ihre Familie mit einem Schlag für sie darstellte.

Nie hatte sie sich vorgestellt, dass es so weit kommen könnte. Warum eigentlich nicht? Es war keine außergewöhnliche Geschichte. Sie hatte Ähnliches nur zu oft schon von Freundinnen und Bekannten gehört und doch war sie sich immer sicher gewesen, dass sie, Eugenie, dieses Schicksal nicht treffen könnte. Sie war Eugenie, sie war groß und stark, jung und selbstbewusst, und sie liebte ihre beiden Brüder, ihren Vater und ihre Mutter. Ihre Brüder liebte sie als gleichwertige Freunde in der Kindheit und als Beschützer („Warte nur, ich sage es meinem großen Bruder!“). Ihr Vater war eine Autorität. Was er sagte, wurde getan. Aber was er sagte, hatte auch immer Hand und Fuß. Er war gläubiger Muslim, dabei weltoffen und hilfsbereit gegenüber allen, die seine Hilfe brauchten. Sie fühlte sich bei ihm geborgen, beschützt und geliebt, egal was kommen würde.

Und dann war da ihre Mutter. Sie war als junge Frau sehr empfindlich gegenüber den gesellschaftlichen Unterdrückungsmechanismen gewesen, die sie als Frau im Senegal und als Muslima erfahren hatte, und hatte ein Studium als Lehrerin begonnen, weil sie es einmal besser machen wollte. Dann hatte sie sich Hals über Kopf in Eugenies Vater verliebt. Die Familie hatte andere Pläne gehabt, die beiden konnten sich aber durchsetzen, da der junge Mann aus einer angesehenen und wohlhabenden Familie stammte. Sie heirateten, und als das erste Kind kam, beendete Eugenies Mutter ihr Studium. Vorübergehend – sie wollte erst eine Familie gründen und dann weiterlernen und als Lehrerin arbeiten. Was dann passierte, warum sie ihre Pläne aufgegeben hatte, wie aus ihr eine stille Frau an der Seite eines im Lauf der Jahre mehr oder weniger verarmten Mannes wurde, das hatte Eugenie nie erfahren und sie hatte auch nie gefragt. Ihre Mutter war immer für sie dagewesen, hatte sie vor der Welt beschützt und mit ihrer Liebe überschüttet, und dafür liebte sie Eugenie stark und zärtlich.

Und deshalb nahm sie ihrer Mutter das böse Spiel, das nun mit ihr gespielt wurde, besonders übel. Aber auch die anderen hatten sie verletzt und vor allem zutiefst enttäuscht.

Am Donnerstag war die Mutter zu ihr in den Laden gekommen, in dem sie als Verkäuferin arbeitete. Das

Gedränge war groß gewesen, sie hatte kaum Zeit für sie gehabt, zwischen den Kunden, die darauf warteten, bedient zu werden, und hatte deshalb nur kurz zugesagt: Ja, sie würde am Wochenende nach Hause kommen. Es gebe etwas Dringendes zu besprechen, hatte ihre Mutter gesagt, sie müsse unbedingt kommen, auf jeden Fall, es sei eilig und lasse sich nicht verschieben. Dann hatte sie das Geschäft verlassen, ohne sich die Zeit zu nehmen, etwas einzukaufen, wie sie das bei anderen Besuchen in der Vergangenheit immer getan hatte. Ihre Mutter hatte, wenn Eugenie gerade keine Zeit für sie hatte, geduldig gewartet, die Waren angesehen, in Zeitschriften geblättert, diese oder jene Kleinigkeit eingekauft und in der Arbeitspause in Ruhe ein paar Worte mit Eugenie gewechselt. Sie hatten sich umarmt und so ihrer gegenseitigen Zuneigung versichert, und wenn die Mutter dann zurück nach Hause ging, war Eugenie mit einem warmen Gefühl im Bauch zurückgeblieben. Nicht jede hatte eine Mutter, die sie so liebte und die sie so lieben konnte.

Dieses Mal war es anders gewesen, aber da Eugenie sehr beschäftigt gewesen war, fiel ihr dies erst später auf und sie war beunruhigt. Was hatte ihre Mutter gewollt? Was hatte sie ihr nicht gesagt? Um was ging es bei dieser dringenden Sache? Die Mutter war doch wohl nicht krank, oder der Vater? Aber was sonst konnte es sein? Was wollten sie mit ihr besprechen? Eugenie sorgte sich sehr und konnte kaum erwarten, dass am Samstag der Laden schloss, in dessen Nachbarschaft sie eine einfache, aber hübsche und gemütliche kleine Wohnung gemietet hatte, und sie in die Vorstadt zum Haus ihrer Eltern radeln konnte. Sie bepackte ihr Fahrrad mit dem Nötigsten, das sie zum Übernachten brauchte, denn sie wollte direkt von den Eltern aus zu ihrer Liebsten, und fuhr los. Je näher sie dem Haus ihrer Eltern kam, umso unruhiger wurde sie. Sämtliche Krankheiten und Unglücksfälle, von denen sie in der letzten Zeit gehört hatte – und das waren viele, denn die Kundschaft im Geschäft war groß und redselig –, gingen ihr durch den Kopf. Was war geschehen, welche Hiobsbotschaft erwartete sie? Krankheit, Tod – nein, das durfte nicht sein, konnte nicht sein. Die Gedanken begannen sich wieder zu drehen, immer im Kreis, und ihr war schlecht vor Angst, als sie das Haus ihrer Kindheit erreichte.

Nichts warnte sie vor dem, was in Wirklichkeit auf sie wartete und was sie mit keinem Gedanken gestreift hatte.

Vor dem Haus parkte ein fremdes Auto, was Eugenies Angst noch verstärkte. War ein Arzt gekommen? War ihr Vater schwer krank? Aber warum war er dann zu Hause und nicht im Krankenhaus? Es drehte sich in Eugenies Kopf und als die Tür aufging, die Mutter im besten Kleid aus der Tür trat und sie ungewöhnlich steif umarmte, verstand Eugenie gar nichts mehr. Stimmengeschwirr vor dem Hintergrund leiser Radiomusik empfing sie und es duftete nach ihrem Lieblingsessen. Das Gebirge auf ihrem Herzen kam ins Rollen, so schlimm konnte es also nicht sein. Vielleicht hatte sie nur den runden Geburtstag eines Onkels oder einer Tante vergessen oder die Großeltern hatten was zu feiern. Oder einer ihrer Brüder wollte heiraten und stellte nun seine Zukünftige vor. Warum hatte sie nur nicht daran gedacht und sich solche Sorgen gemacht?

Aber es kam schlimmer, als sie es sich in ihrer Angst ausgemalt hatte.

Die Mutter nahm ihr die Fahrradtasche aus der Hand, strich ihr das Haar glatt, zog die leicht verrutschte Bluse zurecht und brummte leise: „Warum hast du denn kein Kleid angezogen?“ Dann führte sie sie ins Wohnzimmer, wo am festlich gedeckten Tisch neben Vater und Brüdern ein altes Ehepaar und ein bereits leicht ergrauter Mann mittleren Alters saßen. Alle trugen ihre besten Kleider, obwohl es doch noch nicht Sonntag war, und zwischen ihnen fühlte sich Eugenie in Jeans und Bluse wie eine Stubenfliege unter Honigbienen. Sie war verwirrt und ihre erste Erleichterung, da sie Vater und Brüder unbeschadet am Tisch sitzen sah, schlug in erneute Besorgnis um. Irgendetwas stimmte hier nicht. Irgendetwas stimmte ganz und gar nicht.

Eugenie hatte die Fremden noch nie zuvor gesehen. Sie fühlte sich intensiv gemustert und von oben bis unten begutachtet. Jede ihrer Bewegungen wurde registriert. Eugenie war erleichtert, als die Mutter mit dem Essen ins Zimmer kam. „Eugenies Lieblingsgericht, zur Feier des Tages!“, sagte sie und Eugenie verging der letzte Rest an Appetit. Still und in sich gekehrt saß sie am Tisch und stocherte wortlos in ihrem Essen. Sie fühlte die Blicke aller auf sich gerichtet und konnte sich noch immer keinen Reim auf die Situation machen. Was war an ihr verkehrt? Hatte sie die Bluse falsch herum angezogen oder irgendwelche Schmutzflecken im Gesicht? Sie hatte ja noch das Fahrrad aufpumpen müssen, bevor sie losgefahren war, vielleicht hatte sie dabei nicht aufgepasst.

„Eugenie“, sagte der alte Mann. „Eugenie, wie kommt es, dass du allein in der Stadt wohnst und nicht hier bei deinen Eltern?“

Eugenie verstand die Frage nicht und was ging es ihn überhaupt an? Aber sie wollte höflich sein, schließlich waren sie alle zu Gast im Haus ihrer Eltern.

„Ich habe letztes Jahr die Schule abgeschlossen“, antwortete sie, „und nun warte ich auf die Zulassung zum Studium. Ich möchte Lehrerin werden und verdiene mir als Verkäuferin, was ich als Studentin zum Leben brauche.

Die Wohnung ist billig und da ich früh mit der Arbeit beginne, wohne ich lieber nahe an meinem Laden."

Der Mann runzelte die Stirn. Er schien nicht zufrieden mit ihrer Antwort und warf der Frau an seiner Seite einen Blick zu. Der jüngere Mann, der den Blick genau gesehen hatte, meinte: „Vater, die jungen Frauen heute sind anders. Sie wollen ein bisschen was von der Welt sehen, bevor sie heiraten. Und dafür müssen sie arbeiten. Aber das hat Eugenie ja nun bald nicht mehr nötig. Sie wird alles haben, was sie braucht, und muss keine fremden Leute mehr im Laden bedienen."

Noch immer hatte Eugenie nicht verstanden. Nicht verstehen wollen, wie sie sich jetzt in ihrem verschlossenen Zimmer eingestand. Eigentlich war an dieser Aussage nichts unklar, nichts zu deuten, nichts offen. Und doch hatte ihr Verstand sich noch immer geweigert zu sehen, was nicht zu übersehen war.

Der alte Mann und die alte Frau sahen sich an. Die Frau nickte und der Alte fragte den Jüngeren: „So, gefällt sie dir also, mein Sohn?" Der Angesprochene schaute Eugenie noch einmal prüfend von oben bis unten an, soweit dies überhaupt möglich war, da sie ja alle bei Tisch saßen. Etwas, das an ein Lächeln erinnerte, lief über sein Gesicht und ließ seine verhärteten Züge weicher wirken. Er sah seine Mutter an, dann seinen Vater und nickte.

„So soll es in Allahs Namen sein." Der Alte sah zu Eugenies Vater: „Nach dem Essen werden wir die Einzelheiten besprechen." Dann widmete er sich mit Hingabe einem Stück Rindfleisch, als ob es weiter nichts zu sagen gäbe.

Eugenie fühlte sich immer unwohler. Die Angst stieg wieder in ihr auf und als sie ihre Mutter ansah und diese es nicht wagte, die Augen zu erheben und ihr ins Gesicht zu blicken, stieg der erste Verdacht in ihr hoch. In ihrer Verunsicherung hatte sie kaum gegessen, fast nur getrunken. Ihr Glas war leer. Der Sohn des Alten bemerkte dies und wies seine Mutter an: „Gib deiner Schwiegertochter zu trinken!“

Ein Blitz fuhr durch Eugenie. Zuerst erleuchtete er ihren Verstand, der nun nichts mehr missverstehen konnte, so gerne er dies auch wollte. Dann riss er sie hoch vom Tisch, ihr Stuhl fiel zu Boden, sie konnte sich kaum auf den Beinen halten, wollte rufen: „Ihr seid wohl alle verrückt geworden? Vater, Mutter, was ist geschehen? Warum verkauft ihr mich wie ein Auto? Warum werde ich nicht gefragt? Es geht doch um mich, um mein Leben, um mein Glück. Und überhaupt, ich bin nicht mehr frei. Ich liebe und ich werde geliebt und eines Tages wird das nicht mehr im Geheimen geschehen müssen.“ Aber ihr Mund öffnete sich zwar, doch er fühlte sich an wie eine Jahrtausende alte Wüste und kein Ton drang nach außen. Mit letzter Kraft schaffte sie den Weg in ihr Zimmer, sie verschloss die Tür hinter sich, ließ sich auf das Bett fallen und glaubte, in einem Sturzbach von Tränen ertrinken zu müssen. Doch nicht nur ihr Mund, auch ihre Augen waren ausgetrocknet, und so lag sie stumm und bewegungslos da und hoffte, gleich aus diesem Alptraum zu erwachen.

Es klopfte leise. So konnte nur ihre Mutter klopfen, deshalb öffnete Eugenie die Tür. Ihre Mutter würde ihr sagen, dass sie falsch verstanden hatte, dass alles ganz anders sei, dass sie ihr doch so etwas nie antun würde. Sie sei doch ihr Kind, das sie lieb hatte.

Die Mutter schloss leise die Tür hinter sich und nahm Eugenie in ihre Arme. „Du bist doch mein Kind, das ich lieb habe“, flüsterte sie ihr ins Ohr. Eugenie spürte, wie ihr Nacken feucht wurde. Zarte Tropfen fielen darauf und liefen langsam ihren Rücken hinunter. „Du bist doch mein Kind, das ich lieb habe. Und ich will doch, dass du glücklich wirst. Aber dein Vater ist so gut wie bankrott. Seine

Geschäfte laufen schlecht. Deine Brüder studieren, sie können uns nicht unterstützen. Es ist der einzige Ausweg, dass du den Sohn des reichen Bankiers heiratest. Er ist nicht mehr der Jüngste, deshalb wird es Zeit, dass er sich eine Frau nimmt. Man redet schon über ihn und die Alten wollen endlich Enkelkinder sehen, und so ist es für beide Seiten die beste Lösung. Eugenie, Kind, er ist ein guter Mann, ich habe mich umgehört. Er wird für dich sorgen, er hat ein großes schönes Haus und du musst nicht mehr im Laden arbeiten für fremde Leute. Das Studium können wir dir sowieso nicht finanzieren, deine Brüder liegen uns noch lange Zeit auf der Tasche. Eugenie, bitte, sie müssen sonst die Universität verlassen und wir verlieren unser Haus. Vielleicht muss dein Vater sogar ins Gefängnis."

All diese Worte drangen nicht wirklich zu Eugenie durch. Glücklicherweise vielleicht, sonst hätte sie sich am Ende noch wegen ihrer Liebe zum Vater und den Brüdern überreden lassen. Aber in Eugenies Kopf hallten nur die Worte „heiraten – Mann – Enkelkinder" nach. „Aber Mutter, ich liebe doch, ich bin schon versprochen, ich kann nicht", brach es aus ihr heraus. Sie war es so gewohnt, ihr Geheimnis zu wahren, dass sie nicht einmal in ihrer Verzweiflung den Namen der Liebsten aussprach.

Ihre Mutter erstarrte und löste sich von ihr. „Du bist versprochen? Warum hast du mir nie von ihm erzählt? Warum hast du ihn nie mit nach Hause gebracht? Wer ist er?"

Eugenie wusste, dass ihre einst so aufgeschlossene Mutter niemals akzeptieren würde, dass sie eine Frau liebte. So weit wäre sie noch nicht einmal in ihrer Jugend gegangen, als sie noch für die Rechte der Frauen eingetreten war. Sie konnte es ihr nicht sagen. Niemand durfte davon erfahren, sonst wäre ihre Liebste in größter Gefahr. Nicht nur, dass sie mit Sicherheit sofort ihre Arbeit im Betrieb ihres Vaters verlieren und dass ihr Vater sie verstoßen würde, bestimmt würde sie vor Gericht gestellt und verurteilt werden. Und das bedeutete möglicherweise mehrere Jahre im Gefängnis. Eugenie sorgte sich einzig um ihre große Liebe. Dass ihr selbst das gleiche Schicksal drohte, würde bekannt, dass sie mit einer Frau zusammen war, daran dachte sie nicht. „Ich kann es dir nicht sagen, Mutter", war alles, was sie herausbrachte. Von jetzt an würde sie noch mehr auf jedes Wort achten müssen, damit sie sich ja nicht verplapperte. Niemand durfte auch nur ahnen, dass sie eine Beziehung zu einer Frau hatte und erst recht nicht, wer diese Frau war. Eugenie konnte angesichts der Gefahren, die ihrer Liebsten drohten, wieder ganz klar denken. Sie würde am besten einfach nichts mehr sagen, dann konnte ihr nichts Falsches herausrutschen.

„Aber Eugenie, du musst es mir sagen. Vielleicht ist er ja eine gute Partie, dann kann ich deinen Vater überreden und du heiratest ihn. Es wird mir schon was einfallen, wie ich das den anderen erkläre. Eugenie, wer ist es? Sag es mir!" Eugenie schüttelte den Kopf und ging zum Fenster. Sie sah hinaus und wünschte sich weit weg. Ihr Plan, direkt nach dem Essen zu Seraba zu fahren, war geplatzt. Sie würden sie jetzt nicht einfach gehen lassen, dessen war sich Eugenie sicher.

Sie wusste nicht, wie lange sie da gestanden hatte – irgendwann war die Mutter wohl aus dem Zimmer gegangen –, als ihr Handy klingelte. Seraba. Es war eindeutig Serabas Klingelton und Eugenie wollte zum Handy greifen … verdammt, das hatte sie in ihrer Tasche an der Garderobe im Flur vergessen. Sie eilte zur Tür, um es zu holen, bevor Seraba auflegte, aber die Tür war verschlossen. Eugenie konnte es nicht glauben, sie versuchte es noch einmal, sie rüttelte an der Klinke. Doch die Tür öffnete sich nicht, jemand musste von außen abgeschlossen haben. Jemand betrat den Hausflur. „Ja? Wer ist da?“, hörte sie ihren älteren Bruder fragen. Er hatte das Handy entdeckt. Himmel, wenn Seraba nur richtig reagierte und gleich wieder auflegte. Eugenie und Seraba hatten ihre Namen aus Vorsicht gegenseitig nicht eingespeichert und wenn Seraba schwieg, konnte nichts passieren. „Aufgelegt“, hörte sie ihren Bruder schimpfen. In Eugenie fiel bereits das zweite Gebirge an diesem Tag in sich zusammen; mit dem entstandenen Geröll hätte man gute Geschäfte machen können.

Ihre Erleichterung hielt nur kurz an, denn nun fiel ihr wieder ein, dass sie eingeschlossen war. Warum? Wie konnten sie nur?

Eugenie rüttelte an der Tür, sie hörte Stimmen. Die Gäste verabschiedeten sich und sie hörte ihren Vater unterwürfig sagen: „Bitte verzeihen Sie. Eugenie geht es nicht gut, sie muss etwas Falsches gegessen haben. Es tut mir leid, aber sobald sich Eugenie wieder erholt hat, werden wir Sie besuchen. Es bleibt doch dabei, wir richten die Hochzeit aus, gleich im August?“

Eugenie hatte das Gefühl, sie müsste sich gleich übergeben. Ihr ging es plötzlich wirklich nicht gut, ihr Vater hatte noch nicht einmal die Unwahrheit gesagt. Sie würgte und bekam kaum mehr Luft. Schließlich sackte sie in der Ecke ihres Zimmers zusammen. Eugenie schlang die Arme um die angezogenen Beine und hockte in schierer Verzweiflung in ihrer Ecke, wie sie es schon als Kind getan hatte, wenn sie sich vor Strafe fürchtete, weil sie wieder einmal etwas ausgefressen hatte.

Heute aber glaubte sie, sie könnte nie mehr aus ihrer Starre erwachen – etwas in ihr war gerissen und nicht einmal ein stummes Weines war ihr mehr möglich. Ihre Mutter hatte sie verraten, ihr Vater hatte sie verkauft. Als letzte Hoffnung blieben nur noch die Brüder. „Warte nur, ich hole meinen großen Bruder, wenn du mir was tust!" So war es immer gewesen, wenn sie als kleines Mädchen von den anderen Kindern geärgert worden war. Aber etwas in ihr glaubte nicht daran, dass es auch dieses Mal so sein würde.

Es fühlte sich an, als säße sie in einer zersplitternden Glaskugel, die jederzeit endgültig in sich zusammenfallen und sie unter ihren Scherben begraben konnte. Die Glaskugel barg ihr Leben, aber sie war hohl, konnte keinen Schutz bieten. Die gläserne Hülle war äußerst dünn, dünner, als sie je geglaubt hätte. Was blieb von ihrem Leben, wenn die Kugel barst, was blieb von ihr? Wer war sie überhaupt?

Die Haustür fiel ins Schloss, ein Motor heulte auf, starb wieder ab und heulte dann, von einem aggressiven Fuß gezwungen, erneut auf. Das Auto fuhr unsanft vom Parkplatz auf die Straße – dann war Ruhe.

Allerdings nicht in Eugenie. Trotz ihrer eisigen Starre herrschte in ihrem Kopf ein Höllenlärm. *August – Hochzeit – du musst – denk an deine Brüder – Wer ist er? – sag es mir! – August.* Das dröhnende Chaos wollte nicht enden. Eugenie hielt sich die Ohren zu, doch vor dem Lärm, der aus ihrem Inneren kam, konnte sie das nicht schützen. Sie hockte lange in ihrer Ecke, den Kopf zwischen den Beinen, die Arme um die Beine geschlungen. Nach einer ganzen Ewigkeit – oder waren es nur Minuten? Eugenie hatte jedes Zeitgefühl verloren, sie glaubte, überhaupt jegliches Gefühl verloren zu haben – ging die Tür auf. Ihr Vater stand da, wutentbrannt, er schien getrunken zu haben. Das war der Nachteil seiner angeblichen Weltoffenheit und religiösen Toleranz, die sie ihm bis vor Kurzem noch geglaubt hatte: Er hatte keinerlei Hemmschwelle gegenüber dem Alkohol. Jetzt sah sie nur einen verlogenen, verarmten alten Mann, der betrunken vor ihr stand und tobte, weil er um sein Hab und Gut fürchtete. Der seine Tochter verschachern wollte. Aus irgendeinem Grund hatte er wohl angenommen, dass sie einfach Ja und Amen sagen würde und alles wäre gut. Für ihn.

Die Mutter („Mutter?", fragte es in Eugenies Kopf) zerrte an ihm. Er war zu betrunken, um Widerstand zu leisten, und so zog sie ihn aus der Tür, bevor er auf Eugenie losgehen konnte.

Die Frau, die Eugenie bisher für ihre Mutter gehalten hatte, trat nun selbst ins Zimmer und wollte sie aus ihrer Ecke ziehen und auf die Beine stellen. Eugenie war wie ein Stein und in ihrer Erstarrung schwer wie Blei. Die Frau gab auf.

„Eugenie, so sag mir doch, wer er ist", versuchte sie es noch einmal. „Mach es mir doch nicht so schwer, ich liebe dich doch." Eugenie war verwirrt. Die Frau, die hier vor ihr stand, redete zwischendurch wie ihre Mutter, sah aus wie ihre Mutter und doch kannte sie diese Person nicht. Sie redete und redete und langsam verschwand das laute Geschwirr der Gedankenfetzen aus Eugenies Kopf und sie hörte nur noch die Frau vor sich reden, die ein Klon ihrer Mutter zu sein schien. Langsam löste sich die Starre und wurde abgelöst von eisiger Kälte. Fast zitterte Eugenie, obwohl es ein sehr heißer Tag war.

Im Hintergrund hörte sie den Klon reden, ihre Gedanken aber fanden den Weg zu Seraba und plötzlich sah sie wieder klar. Seraba, ihre Liebste, wartete auf sie. Sie hatte angerufen, hatte sie nicht erreicht, sondern nur eine fremde Stimme gehört, und würde sich nun Sorgen machen. Aber sie hatte gut reagiert. Geistesgegenwärtig und schlau hatte sie sofort aufgelegt, um Eugenie und sich selbst nicht in Gefahr zu bringen, und Eugenie würde nun ebenso handeln: geistesgegenwärtig und schlau. Sie schüttelte die letzten Reste ihrer Starre ab und erhob sich aus ihrer Ecke. Sie ging an der Frau einfach vorbei, ignorierte deren Versuch, sie festzuhalten, und öffnete die Tür, die glücklicherweise offengeblieben war. Niemand hatte sie hinter der Mutter verschlossen und der Flur war leer. Eugenie fand ihre Tasche, in der Tasche war das Handy, wie sie sich mit einem schnellen Griff versicherte. Sie hängte die Tasche über die Schulter und ging ohne zu zögern und ohne einen Blick zurückzuwerfen durch die Haustür. Das war einmal ihr Zuhause gewesen, aber sie würde nicht mehr hierher zurückkommen. Ihre Eltern gab es nicht mehr, nur noch ein alter betrunkener Mann und seine geklonte Frau lebten hier. Die Brüder – wo waren die überhaupt? – würde sie auch anderswo treffen können.

Eugenie zog die Tür leise hinter sich ins Schloss – zu großen Gesten war sie noch nicht bereit – und ging um das Haus herum, an dessen Rückseite sie ihr Fahrrad abgestellt hatte. *Seraba*, dachte sie, *Seraba*. Mehr fand nicht Platz in ihren Gedanken, aber das kleine Wort beinhaltete alles, was es im Moment zu bedenken gab. *Seraba*, das hieß „Meine Liebste, wir gehören zusammen. Es wird keine Hochzeit geben – außer mit dir und das ist nicht möglich." *Seraba*, das hieß „Niemand wird von dir erfahren – du wirst mir helfen. Bald bin ich bei dir, Seraba, ich liebe dich."

Eugenie klemmte die Tasche auf den Gepäckträger, nahm den Lenker in die Hand und wollte aufsteigen. Der erste Schlag traf sie, als sie einen Fuß angehoben hatte, und so fiel sie samt dem Fahrrad einfach um. Eugenie, die unter das Rad geraten war, bewegte sich nicht. Sie konnte sich zunächst nicht erklären, was geschehen war. Da hörte sie, dass ihre Brüder sie abwechselnd beschimpften. „Du Schlampe!", „Wie kannst du so etwas tun?", „Wir können uns nirgendwo mehr sehen lassen!", „Meine Schwester eine Lesbe, meine Freunde werden mich nicht mehr ansehen. Sie haben immer schon gesagt, du hättest viel zu viel Freiheit, und wir haben immer zu dir gehalten, du Homo."

Abdoulaye zog Eugenie unter ihrem Fahrrad hervor, stellte sie auf die Beine und hielt sie fest. Madiambal schlug auf sie ein, rhythmisch im Takt seiner Worte: „Wir waren gegen die Hochzeit, aber Vater ließ nicht mit sich reden, er sah keinen Ausweg mehr. Wir hätten dir geholfen, einen Jüngeren mit Geld zu finden, mit dem du glücklich geworden wärst, anstelle von Vaters Kandidaten. Aber du Schlampe hast dich mit einer Frau eingelassen, wie eklig, ich kann dich nicht mehr anfassen." Anscheinend konnte er aber doch, denn die Schläge ins Gesicht wollten kein Ende nehmen.

Eugenies Brüder hatten das Handy durchsucht und viele SMS von Seraba gefunden. Ohne Namen zwar, aber es war klar, dass es sich um eine Frau handelte, die da immer wieder geschrieben hatte: „Ich liebe dich."

„Wie heißt sie? Wo wohnt sie? Wer ist die verdammte Lesbenschlampe?" Jede Frage wurde von einem weiteren Schlag begleitet und Eugenie erschrak fast, als sie plötzlich von ihr abließen, da sie die Antworten schuldig blieb und wohl auch nicht den Eindruck erweckte, als würde sich das in absehbarer Zeit ändern. Eugenie war erstarrt und blieb erstarrt. Kein Wort würden sie aus ihr herausprügeln können, das musste ihnen klar geworden sein.

„Geh doch zu deiner Hure, aber lass dich hier nie wieder blicken. Und glaube bloß nicht, dass dir irgendjemand helfen wird." Die Drohung, die diese Worte beinhalteten, verstand Eugenie erst viel später.

Abdoulaye stieß Eugenie mit aller Kraft von sich weg. Sie schlug mit dem Kopf an die Hauswand, blieb einen Moment benommen stehen. Dann hob sie das Fahrrad, das glücklicherweise unversehrt geblieben war, vom Boden auf, stieg mühsam auf den Sattel und fuhr davon.

Eugenies Gesicht glühte von den Schlägen, ihr Kopf schmerzte vom Stoß gegen die Hauswand, sie spürte Feuchtigkeit. Sie hatte wohl eine Platzwunde davongetragen. Und bei ihrem Sturz hatte sie sich das Knie angeschlagen und dort, wo das Fahrrad auf sie gekracht war, schmerzte es sie auch.

Ihr erster Gedanke, als sie wieder einigermaßen klar denken konnte, war, zu Seraba zu fahren und sich in ihre Arme zu flüchten. Sofort aber schaltete ihr Gehirn auf Alarmstufe Rot. Was, wenn sie beobachtet wurde? So einfach würden ihre Brüder nicht aufgeben, da war sie sich sicher. Eugenie bog an der nächsten Weggabelung ab und fuhr zum nahegelegenen Fluss. Dort, an einer versteckten Stelle hinter gestrandetem Treibholz, war früher ihr Lieblingsplatz gewesen. Hier hatte sie als Kind Zuflucht gesucht, wenn es zu Hause Ärger gab, hierhin hatte sie sich als Jugendliche zurückgezogen, wenn sie allein sein wollte, weil sie ihre Gefühle und Gedanken entwirren musste, die so anders zu sein schienen als die ihrer Freundinnen, die schon früh wussten, wie ihr Leben verlaufen sollte. In ihren Träumen suchten sie den hübschesten Mann für sich aus, den sie sich nur vorstellen konnten. Jung, schlank und muskulös sollte er sein und mit ihm sahen sie sich vor einem schönen Haus in der Sonne sitzen, um sie herum spielten die ebenfalls hübschesten Kinder.

Mit solchen Fantasien konnte Eugenie nichts anfangen und das irritierte sie oft. Sie hatte als Kind viel mit den Jungen aus der Nachbarschaft gespielt, aber als diese begonnen hatten, sich mehr für ihr Aussehen und ihr Lächeln (Wer erhielt das charmanteste? Wen hatte sie übersehen?) zu interessieren als für ihre Wendigkeit, die Anzahl der geschossenen Tore beim Fußballspiel und ihre

Geschicklichkeit beim Hüttenbauen, hatte sich Eugenie verwirrt zurückgezogen. Was geschah hier zwischen ihr und ihren jahrelang besten Freunden und Spielkameraden? Nichts funktionierte mehr wie früher. Ein Graben entstand, der langsam immer breiter wurde und den Eugenie nicht mit dieser neuen Art von Freundschaft zwischen Mädchen und Jungen überwinden konnte, wie es die anderen Mädchen mühelos fertigbrachten. Diese neue Art des Miteinanders interessierte Eugenie nicht und genau das stürzte sie in tiefe Verwirrung. Warum gelang ihren Freundinnen ein nahezu nahtloser Übergang in diese ganz neue Verbundenheit? Warum gelang es ihr nicht? Warum wollte sie das noch nicht einmal?

Einmal war sie nach einem Streit mir ihrer besten Freundin hierher gekommen. Sie hatten sich darüber gestritten, ob es besser wäre, schnell zu heiraten und Kinder zu bekommen, oder die Schule zu Ende zu machen und zu studieren, wie es Eugenies Plan war. Früher waren sie sich in allem einig gewesen, unzertrennlich fast. An diesem Tag war dann etwas geschehen, das trotz der Versöhnung, die sie am Abend mit einem schwesterlich geteilten Schokoriegel feierten, alles änderte. Sie waren sich in ihrem tiefsten Innern fremd geworden, auch wenn sie sich das zu diesem Zeitpunkt noch nicht eingestehen wollten, ja es noch nicht einmal wirklich erkennen konnten. Viel später, als in Eugenie eine Ahnung wuchs, was sie von den anderen unterschied, hatte sie sich an diesen Streit erinnert.

Eugenie hatte ihren alten Rückzugsort schnell erreicht, alles schien wie immer. Sogar der Stock vor dem versteckten Eingang, mit dem sie immer auf die Mauer aus Treibholz geschlagen hatte, um Schlangen zu vertreiben, die hier möglicherweise – genau wie sie – ihren geheimen Platz gefunden hatten, lag noch dort.

Auch heute vergaß sie diese Vorsichtsmaßnahme nicht und trommelte erst einmal ein rhythmisches Vertreibungskonzert. „Ich bin jetzt hier, geht weg, ihr könnt später wiederkommen." Es raschelte am Ende des Holzstapels. Eugenie wartete eine Weile, ließ den Stock noch einige Male auf das Treibholz fallen und trat dann vorsichtig ein. Den Stock nahm sie für alle Fälle mit, so, wie sie es immer schon gemacht hatte. Sie setzte sich auf ihre Jacke und sah in den Fluss, beobachtete die Wellen, die sich unendlich fortbewegten und hin und wieder Blätter, Äste oder eine Plastiktüte mit sich führten.

Fast hätte sie vergessen, warum sie hergekommen war, so sehr hatte sie sich darauf konzentriert, ungebetene Gäste aus ihrem Versteck zu vertreiben, während in ihrem Kopf Erinnerungen an Kindertage alles andere verdrängten. Aber nun, da sie zur Ruhe kam, war schlagartig alles wieder da. Die Angst um die Gesundheit der Eltern, die sie auf dem Weg zu ihnen angetrieben hatte. Der Schock, als sie endlich begriff, was die Gäste wollten, die zum Mittagessen gekommen waren. Der Handel, den ihr vom Leben und vom Alkohol zerstörter Vater mit ihr treiben wollte. Der Verrat der Mutter und der Brüder und ihre Angst um Seraba. Für sich selbst fürchtete sie im Moment nicht, aber sie kannte sich gut genug, um zu wissen, dass sie diese Furcht sehr bald und mit größter Wucht einholen würde. Aber jetzt musste sie in erster Linie einen klaren Kopf bewahren und so schob sie alles andere beiseite. Eugenie kramte das Handy aus der Tasche und wählte Serabas Nummer. Sofort wurde abgenommen, aber niemand meldete sich. Erst als Eugenie sich zu erkennen gegeben hatte, hörte sie Serabas besorgte Stimme: „Eugenie, Liebste, was ist geschehen? Wer war an deinem Handy, als ich dich angerufen habe? Können wir sprechen?" Fast wäre der mühsam erbaute Staudamm in Eugenie gebrochen, der ihre Tränen zurückhielt, aber sie konnte sich gerade noch einmal fangen. „Seraba, sie haben uns entdeckt. Ich habe nicht gesagt, wer du bist, aber sie haben deine SMS gelesen. Sie wissen, dass ich eine Frau liebe. Seraba, sie wollen, dass ich heirate."

KAPITEL 2

Seraba war die Tochter christlicher Eltern. Sie war als einziges Kind einer wohlhabenden Familie aufgewachsen. Mit zehn Jahren kam sie in ein Internat in England, um die Sprache zu lernen und so besser gerüstet zu sein. Denn später sollte sie in der Firma ihres Vaters in führender Position arbeiten, um sie schließlich eines Tages zu übernehmen.

Das altmodische und prüde englische Internat machte es ihr nicht gerade leicht, sich mit 17 Jahren einzugestehen, dass sie Frauen liebte, anstatt – wie es sich gehörte –, wenn schon nicht als Heimchen am Herd ihres Ehegatten, so doch als Partnerin eines ebenbürtigen Geschäftsmannes durchs Leben zu gehen. Aber Seraba hatte Glück. Sie traf die richtige Lehrerin, die ihr während der schwierigsten Zeit zur Seite stand. Und sie besaß genügend Selbstwertgefühl und innere Stärke, um verhältnismäßig schnell zu akzeptieren, dass sie anders war als die Mädchen in ihrer Umgebung und dass sie einen anderen Weg gehen würde. Vom Internat aus war es nur schwer möglich, andere Frauen kennenzulernen, die ebenso wie sie fühlten. Aber als sie sich in ein Mädchen aus der nächsthöheren Klasse verliebte und diese ihre Zuneigung erwiderte, half ihnen die Lehrerin mit gutem Rat und zahlreichen Büchern dabei, ihre verwirrende und doch prickelnd schöne Beziehung in der engen Internatswelt zu verstehen und auszuleben. Beide versuchten sie, nicht an die Zukunft zu denken, denn wenn die Tore ihrer Schule sich hinter ihnen schließen würden, dann sollte Seraba schnellstmöglich zurück in den Senegal. So war der Plan.

Als ihre Freundin ein Jahr vor ihr die Schule verließ, brach Serabas kleine Inselwelt, in der sie sich mittlerweile ganz gut eingerichtet hatte, zusammen. Es folgten noch ein paar Briefe hin und her, dann verloren sich die beiden aus den Augen.

Als Seraba ein Jahr später die Schule abgeschlossen hatte, gelang es ihr, den Vater davon zu überzeugen, dass sie mit einem Studium an einer englischen Universität eine wesentlich bessere Basis für die spätere Leitung des Unternehmens mitbringen würde.

Acht Semester und ein paar Liebschaften später verließ Seraba schließlich England und kehrte endgültig in den Senegal zurück, um in die Firma des Vaters einzusteigen. Sie hatte sich nie wirklich auf eine Beziehung eingelassen. Wenn Gefahr in Gestalt der Liebe drohte, war sie jedes Mal weggelaufen. Sie musste und wollte zurück in ihre Heimat, das stand nie zur Disposition, und Seraba wollte weder mit gebrochenem Herzen noch mit einer Fernbeziehung im Gepäck nach Hause zurückkehren. Dass sie auf diesem Weg einige andere Herzen brach, war ihr nie in den Sinn gekommen.

Zurück im Senegal war Seraba wie geplant ins väterliche Unternehmen eingestiegen, hatte sich schnell bewährt und war mittlerweile unverzichtbarer Teil des Betriebs geworden.

Schon kurze Zeit nach ihrer Rückkehr begegnete sie in dem kleinen Laden, der nur fünf Minuten vom Bürogebäude entfernt war und in dem fast alle Angestellten ihr Mittagessen einkauften, Eugenie. Die junge Verkäuferin fiel ihr sofort auf und als ihre Blicke sich trafen, wusste Seraba, wen sie da vor sich hatte. Auch Eugenies Augen blitzten erkennend auf, was aber nur Seraba und weniger

Eugenie wirklich realisierte. Letztere blieb in äußerster Verwirrung zurück und es kostete Seraba viel Zeit und Geduld, bis Eugenie verstand und sie beide ein Paar wurden. Dieses Mal hatte es Seraba wirklich erwischt und sie war froh, im Senegal zu sein. Denn sich gegen dieses intensive Gefühl für Eugenie zu wehren wäre ihr, wenn überhaupt, nur schwer und unter Schmerzen geglückt. Auch Eugenie hatte endlich begriffen, was schon so lange in ihr brodelte und was sie, bevor Seraba auf den Plan trat, nicht hatte einordnen können. Eugenie kannte keine Frau, die so empfand wie sie. Da Homosexualität im Senegal unter weltlicher und sowohl für Christen als auch für Muslime erst recht unter göttlicher Strafe stand, wurde darüber nicht geredet und das Thema einfach totgeschwiegen. Homosexuelle Liebe durfte es nicht geben, also gab es sie auch nicht. Eugenie war nicht die Einzige, die unter dieser Unwissenheit und dem strikten Verbot, ihre Gefühle auszuleben, litt. Aber im Gegensatz zu ihr würden viele nie erfahren, was sie ein Leben lang, eingezwängt in Ehe und Familie, so unglücklich machte. Und wenn doch, so bestand kaum einen Möglichkeit, sich aus diesen alltäglichen Strukturen zu befreien, ohne Familie und Freunde zu verlieren und Jahre im Gefängnis zu riskieren.

Eugenie hatte der Blitz in Gestalt von Seraba rechtzeitig getroffen und nach einer Zeit tiefster Verwirrung konnte sie endlich klar sehen.

Es dauerte nicht lange, bis beide sicher waren, dass sie zusammengehörten und ihr Leben gemeinsam verbringen wollten. Ihnen war aber auch von Anfang an klar, was dies im Senegal bedeutete. Sie würden nie offen als Paar auftreten können und sie würden immer darum kämpfen müssen, als scheinbar alleinstehende Frauen von ihrer Umgebung respektiert zu werden. Seraba war Geschäftsfrau, Eugenie wollte studieren, sobald sie genügend Geld zusammen hatte. Noch schien sich niemand darum zu kümmern, warum sie unverheiratet waren. Was in ein paar Jahren sein würde, wenn Eugenie ihr Studium abgeschlossen hätte, das stand in den Sternen und interessierte beide gegenwärtig herzlich wenig. Sie waren sicher gewesen, es würde sich eine Lösung finden, wenn es erst so weit wäre.

„Seraba, sie wollen, dass ich heirate."

Mit diesem Satz brach das Kartenhaus zusammen, als das Seraba das Konstrukt ihrer beiden Leben nun schlagartig erkannte. Die wirkliche Bedeutung dessen, was Eugenie ihr mit diesen fünf Worten sagte, wurde ihr allerdings erst nach und nach klar. „Sie wollen, dass ich heirate." Mit keinem Gedanken fürchtete Seraba, Eugenie würde einer Hochzeit zustimmen. Sie waren Lebensgefährtinnen, sie waren Frau und Frau, auch ohne den offiziellen Segen von Staat, Pfarrer oder Marabou.

„Sie wollen, dass ich heirate." Seraba verstand nicht. Warum so plötzlich? Arrangierte Ehen gab es zwar immer wieder, sie waren aber nicht die Regel und Eugenie stammte aus einem offenen und toleranten Elternhaus, so hatte sie bisher gedacht. Eugenie würde mit Sicherheit keinen Mann heiraten – *aber was dann?*

„Seraba, sie haben uns entdeckt. Sie wissen, dass ich eine Frau liebe." Seraba konnte nicht klar denken. Und doch musste sie. Eugenie schien völlig durcheinander und brauchte sie jetzt als Halt – und nicht ebenso verwirrt, wie sie selbst war. In Serabas Kopf ging es drunter und drüber. *Homosexualität wird bestraft*, hämmerte es hinter ihrer Stirn. *Polizei. Gefängnis.*

Sie riss sich zusammen. Noch konnte sie zwar nicht klar denken, aber immerhin war ihr genau das bewusst geworden. Sie brauchte Zeit, um die Gedanken zu sortieren. Sie mussten sich treffen, aber nicht jetzt, wo Eugenie vielleicht beobachtet wurde und die Verfolger bei einem Treffen direkt zu Seraba führen würde. Seraba fürchtete nicht für sich, aber sie wusste, im Moment war sie die Einzige, die Eugenie helfen konnte. Und deshalb musste sie vorsichtig sein.

„Eugenie, Liebes, wir schaffen das. Geh jetzt in deine Wohnung. Ich überlege, wo wir uns treffen können, ohne dass uns jemand beobachtet. Geh morgen ganz normal arbeiten, ich komme wie immer mittags mein Essen kaufen. Bis dann weiß ich auch, was wir machen. Ich liebe dich, Eugenie. Wir schaffen das."

Als Eugenie vor ihrer Wohnung das Fahrrad abgestellt hatte und gerade dabei war, die Tür zu ihrer Wohnung aufzuschließen, hörte sie Schritte hinter sich. Sie fuhr herum, sah sich schon in Handschellen oder erneut geprügelt, aber da stand Khady, eine Freundin, die sie schon kannte, seit sie noch auf allen Vieren auf dem Boden gekrabbelt war. Gemeinsam hatten sie im letzten Herbst die Schule abgeschlossen. „Dein Bruder hat mich angerufen", presste Khady, vor Aufregung außer Atem, zwischen den Zähnen hervor. „Sag, dass es nicht wahr ist! Du hast was mit einer Frau? Ich glaube es nicht." Eugenie war nicht mehr in der Lage, Konversation zu machen, geschweige denn, Khady etwas vorzuspielen. Sie brachte kein Wort heraus. Sie wollte nur noch in ihr Bett, obwohl sie genau wusste, dass sie nicht schlafen könnte. Eugenie sah der Freundin in die Augen und konnte live und in Farbe verfolgen, wie diese zu einer Ex-Freundin wurde. Sie fröstelte, denn sie wusste, dass ehemalige Freundinnen oft schlimmer waren als Feinde. „Also doch", hörte sie noch, dann schloss sie die Tür hinter sich.

Eugenie hatte sich unter der Bettdecke eingerollt, sie wollte die Welt da draußen mit Eltern, Brüdern, Freundinnen und – vor allem – Bräutigam einfach vergessen. Sie wunderte sich nicht darüber, dass das nicht funktionierte. Als ihre Gedanken begannen, sich wie ein Rad im Kreis zu drehen, piepte das Handy zum ersten Mal. Ein Freund, mit dem sie gemeinsam einen Englischkurs besuchte, um ihr Schulenglisch etwas zu verbessern, hatte eine Mitteilung geschickt. Sie sah seinen Namen und legte das Handy weg. Im Moment hatte sie andere Sorgen. Als das Telefon kurz danach klingelte, nahm Eugenie automatisch ab. Es schien wohl doch wichtig gewesen zu sein, wenn er sie nun anrief. Aber er war es nicht. „Du Schlampe, du Lesbenhure, du verlogenes Stück. Du hast uns allen was vorgemacht. Lass dich bloß nicht mehr blicken, sonst zeige ich dir, was du verpasst mit deinen Weibern." Eugenie saß senkrecht im Bett. Sie war so erschrocken, dass sie der Stimme im Telefon kein Gesicht und keinen Namen zuordnen konnte. Da sie nun schon dabei war, las Eugenie auch noch eine Mitteilung, die während des Anrufs eingegangen war. „Wenn ich dich noch einmal in der Nähe meiner Schwester sehe, bringe ich dich um", stand da unter dem Namen Aminata. Eugenie kannte Aminatas Bruder. Ein unangenehmer, selbstgefälliger junger Bursche, der dauernd versuchte, seine Schwester zu bevormunden. Zusammen hatten sie immer über seine Allüren gelacht, damals, als Aminata noch ihre Freundin gewesen war. Nun schien eine neue Zeitrechnung angebrochen zu sein. Es klingelte und piepte noch mehrere Male, bevor Eugenie auf die Idee kam, das Handy einfach auszuschalten. Dann stand sie auf, zog die Vorhänge zu und versicherte sich, dass die Tür verschlossen war. Jedes Geräusch ließ sie aufhorchen. Eugenie war gewöhnlich nicht ängstlich, aber jetzt war alles anders als zuvor. Sie fürchtete, gleich panisch zu werden. Und doch wagte sie nicht, Seraba anzurufen. Die würde dann, wenn sie Eugenies Zustand erkannte, sofort kommen – sich nicht abhalten lassen, trotz aller Gefahr. Und das war das Letzte, was Eugenie wollte. Wer wusste denn schon, wer alles um ihre Wohnung streifte und sie beobachtete, um herauszufinden, wer ihre Liebste war? Und was dann geschehen würde, darüber wollte Eugenie nicht nachdenken. Sie zog sich die Decke über den Kopf und versuchte, die Gedanken abzuschalten.

Wider Erwarten musste ihr das irgendwann auch gelungen sein, denn als es gerade hell wurde, wachte Eugenie auf. Sie fühlte sich wie durch eine der Getreidemühlen, die sie im Laden stehen hatten, getrieben und wusste zunächst nicht, warum ihr alles wehtat. Aber dann traf sie die Erinnerung mit einem Schlag. Der kurze, unruhige Schlaf hatte aber doch geholfen. Das Rad im Kopf drehte sich heute Morgen langsamer und sie konnte es sogar hin und wieder anhalten, bevor die nächste Runde begann.

Eugenie kannte keine Schwulen oder andere Lesben außer ihr und Seraba, aber sie hatte schon Geschichten gehört, die man sich gerne mit einem herablassenden, aber auch zweideutigen Grinsen erzählte. Die ganze moralische Abscheu lag darin, gepaart mit heimlicher Freude am Verbotenen. Geschichten von Männern, die keine Männer waren, und von Frauen, die nie richtig rangenommen worden und deshalb auf den falschen Weg gekommen waren. Dass eine nicht verheiratete Frau nach den moralischen Werten der Entrüsteten von niemandem „rangenommen" werden durfte, entging sowohl dem Erzähler als auch seinem Publikum, das sich anschließend genüsslich darüber ausließ, was man mit „solchen" alles anstellen sollte und was der eine oder die andere gehört hatte, was geschah, wenn die Polizei Wind von der Sache bekam. Eugenie hoffte, dass bald Gras über ihre Geschichte wachsen und sie, zwar mit ein paar Freundinnen und Freunden weniger, sonst aber doch ungeschoren davonkommen würde.

Aber wie sollte das geschehen? Da war ja noch immer dieser Mann, den sie heiraten sollte. Andererseits, wie sollten die Eltern sie zwingen? Eugenie erinnerte sich erschrocken daran, wie ihre Mutter sie eingesperrt und ihre Brüder sie später bedroht und geschlagen hatten. Ihr dämmerte, dass nichts mehr war wie vor ihrem Besuch zu Hause und dass es auch nie wieder so sein würde. *Ex-Zuhause*, verbesserte sie sich in Gedanken, dieses Zuhause gab es wohl nicht mehr. Plötzlich erkannte sie, dass sie weg musste aus der Nähe ihrer Familie, bevor diese sich überlegen konnte, wie sie weiter vorgehen würde. Das hieß aber auch, weg aus ihrer Wohnung, weg von ihrem Job und weiter weg von Seraba, die sie dann noch seltener treffen konnte als bisher. Aber es musste sein. Sie würde in der benachbarten Großstadt unterkommen, wo niemand sie kannte. Nachdem Eugenie dies klar geworden war, hörte auch das Rad in ihrem Kopf auf sich zu drehen. Es stand still, denn sie musste jetzt einen Plan machen. Wo sollte sie wohnen, wovon sollte sie leben? Ihre Ersparnisse für das Studium würden zunächst ausreichen, bis sie eine neue Arbeit gefunden hätte. Dann musste sie eben noch mal von vorne beginnen. Seraba war ihre Frau, aber sie wollte kein Geld von ihr nehmen. Nicht, solange es ihr irgendwie möglich war, sich selbst über Wasser zu halten. Sie hatte gesehen, was die finanzielle Abhängigkeit aus ihrer Mutter gemacht hatte, nachdem diese ihr Studium und einen Nebenjob aufgegeben hatte. Und davor hatte sie Angst. Ihr kam nicht in den Sinn, dass an dieser Entwicklung möglicherweise nicht nur das Geld schuld war. Für sie stand fest, dass sie auf jeden Fall finanziell unabhängig bleiben wollte.

Als Eugenie die nächsten Schritte klar vor Augen standen, fiel ihr ein, dass sie in der Nacht das Handy abgeschaltet hatte. Vielleicht hatte sich Seraba gemeldet. Auf jeden Fall war sie sicher schon wach und Eugenie wollte sie gleich anrufen und von ihren Plänen erzählen.

Sie schaltete an, gab den Code ein und hörte kurz danach ein Konzert aus Piep- und Klingeltönen. Eugenie zwang sich, alle Mitteilungen zu lesen und auch die entgangenen Anrufe auf der Mailbox abzuhören. Neben mehreren besorgten Anrufen von Seraba und einer Mitteilung von ihr („Wahrscheinlich schläfst du schon nach diesem schweren Tag. Ich wäre so gerne bei dir, aber wir müssen vorsichtig sein. Ich liebe dich") fand sie zahlreiche Beschimpfungen, Drohungen und Aufkündigungen der Freundschaft. Eugenie staunte, wie viele Freunde sie einmal gehabt hatte. Das war ihr so gar nicht bewusst gewesen. Der letzte Anruf, den sie abhörte, kam mit verstellter Stimme von einer unterdrückten Nummer: „Schätzchen, ich habe dich soeben angezeigt."

Bis jetzt hatte Eugenie darauf vertraut, dass es nicht so weit kommen würde. Wenn sie ehrlich war, hatte sie nicht einmal ernsthaft so weit gedacht. Das Entsetzen über das Geschehene und die Angst vor der Zukunft, in der sie allein auf sich gestellt sein würde, raubten ihr fast den Atem. *Und mit zu wenig Sauerstoff im Gehirn denkt es sich nun einmal schlecht*, stellte Eugenie mit einem letzten Fünkchen Galgenhumor fest, als sie überlegte, wie sie die Gefahr einer Anzeige hatte ausblenden können. Und schon begann das Rad im Kopf seine nächste Runde. *Ich habe dich angezeigt – Polizei – Gefängnis – ich habe dich angezeigt.* Diese Gedanken hämmerten nun endlos in ihrem Kopf und im Hintergrund sah sie schemenhaft Szenen aus dem Gefängnisleben, wie sie es sich vorstellte. Krampfhaft versuchte sie, diese Bilder zu unterdrücken. Mehr konnte sie im Augenblick wirklich nicht mehr verkraften und sie wusste, sie musste jetzt klar denken und Pläne für die nächste Zukunft machen. Sie musste ihren provisorischen

Plan, Wohnung und Job aufzugeben und in die Stadt umzusiedeln, schnellstmöglich umsetzen. Die Polizei konnte praktisch jeden Augenblick vor ihrer Tür stehen. Aber die Uhren gingen langsam in ihrer kleinen Stadt, damit versuchte sich Eugenie etwas zu beruhigen. Anders als in der Großstadt. So schnell würde die Polizei nicht kommen. Allerdings wusste Eugenie auch, dass ihre eigene Uhr, wenn die Batterie dem Ende zuging, schneller zu laufen begann. Dieser Gedanke beunruhigte sie etwas. Eugenie zwang das Rad stillzustehen und packte die wichtigsten Dinge – viel besaß sie sowieso nicht – in ihren Rucksack. Vielleicht konnte ja jemand den Rest später holen und ihr übergeben, wenn sich die erste Aufregung gelegt hatte. Vielleicht, falls noch irgendwer aus ihrem Freundeskreis übriggeblieben war. Seraba durfte die Wohnung nicht betreten. Zu groß war die Gefahr, dass sie letzten Endes doch noch entdeckt werden würde.

Den gepackten Rucksack stellte Eugenie griffbereit neben die Eingangstür, legte ihre gefütterte Jacke dazu, die zwar momentan zu warm war, die sie aber auf keinen Fall zurücklassen wollte, und verließ die Wohnung. Sie wollte, so wie immer, in den Laden gleich nebenan gehen und arbeiten. Einfach so tun, als wäre nichts geschehen. So viel Zeit, glaubte sie, hätte sie auf jeden Fall noch. Sie konnte sich nicht vorstellen, einfach zu verschwinden. Sie musste sich von ihrem bisherigen Leben verabschieden, vom Gefühl, geborgen zu sein in Raum und Zeit, und von dem Glauben, ihre Liebe zu Eltern und Brüdern und, wenn auch heimlich, zu ihrer Partnerin leben zu können. Im Lauf der Zeit hatte sich die Reihenfolge verändert. Seit langem stand nun Seraba an erster Stelle, vor den Eltern und den Brüdern. Aber dennoch hatte ihr die Familie als Band zu Kindheit und Jugend, eben zu sich selbst, den nötigen Halt gegeben, um einer ihrer Liebe zu einer Frau feindlich gesonnenen Welt entgegentreten zu können. Ebenso wie ihr die Arbeit Halt und Zuversicht für eine Zukunft mit Seraba gegeben hatte, in der sie beide gleichberechtigt durch ein Leben gehen könnten, das möglicherweise eines Tages auch nach außen hin einfacher werden würde. Denn die Welt veränderte sich. Langsam zwar, aber sie veränderte sich. Auch im Senegal und in ihrer kleinen Stadt konnte es doch nicht ewig gleich weitergehen, auch hier mussten sich die Menschen mit der Welt da draußen fortentwickeln. So hatte Eugenie gedacht. Von all dem wollte sie sich nun verabschieden. So viel Zeit musste sein und so viel Zeit war mit Sicherheit noch, bis die Maschinerie sich in Gang setzte. Und vielleicht war es ja auch nur eine Drohung gewesen, um ihr Angst zu machen, und die unbekannte Stimme mit der unterdrückten Nummer hatte sie in Wirklichkeit gar nicht angezeigt.

Das Erste, was Eugenie sah, als sie aus der Tür trat, waren zwei platte Fahrradreifen. Irgendjemand hatte über Nacht an ihrem Rad die Luft herausgelassen. Sie realisierte zunächst nicht die Bedrohung und Feindschaft, die diese Geste ausdrückte, sie sah einzig die Zeitverzögerung, die das Aufpumpen bedeutete. Bei näherem Hinsehen allerdings erwies es sich als überflüssig, da beide Reifen aufgeschlitzt waren. Das mit dem Fahrrad hatte sich also erledigt.

Eugenie betrat den Laden von hinten durch den Personaleingang. Der typische Geruch, der in der Luft lag, ein Gemisch aus den Düften der verschiedenen Waren, die sie verkauften, mit einem Hauch Kaffee im Vordergrund, beruhigte Eugenie. Alles schien wie immer. Sie schlüpfte in ihre Schürze, die mit dem Firmenemblem der Kette, zu der ihr Laden gehörte, bedruckt war, und fühlte, wie sie deutlich ruhiger wurde. Vielleicht bildete sie sich die Gefahr ja nur ein. Es würde ein Sturm sein, wie er hin und wieder vorkam. Plötzlich und unerwartet frischte der Wind auf, wurde stärker und stärker, entfernte sich aber dann und alles war wieder wie zuvor. So würde es auch jetzt sein. Ihre Freunde würden sich damit abfinden, wie es nun einmal war. Man würde das Thema nicht mehr erwähnen und das Problem totschweigen. Es wäre nie mehr ganz so wie zuvor, aber es würde weitergehen und die Zeit heilte ja bekanntlich alles. Ganz tief in ihrem Innern stellte etwas diese platte Weisheit allerdings in Frage, Eugenie wollte aber nicht hinhören. Auch die Eltern würden vielleicht einlenken, wenn sie eine Weile verschwunden blieb und sich dann, wenn genug Zeit vergangen war, aus der Stadt meldete. Dies war kindliches Wunschdenken – oder eher ein kindisches. Eugenie wusste das. Man bringt die Eltern dazu, sich Sorgen zu machen, und dann ist alles wieder gut. Das erwachsene Leben funktionierte anders, aber im Moment wollte sie nicht weiter darüber nachdenken.

Eugenie öffnete die Tür zum Verkaufsraum und sah am anderen Ende des Ladens, direkt an der Tür, ihre Mutter stehen. Wie gewöhnlich schien sie in den Zeitschriften auf der Ablage zu lesen, während sie auf ihre Tochter wartete. Aber sobald Eugenie eingetreten war, drehte die Mutter sich um und kam auf sie zu.

Eugenie, immer noch mit der leisen Hoffnung, alles wäre ein Missverständnis gewesen, versuchte im Gesicht der Mutter zu lesen. Darin mischten sich Besorgnis mit Liebe, Liebe mit Ärger, Ärger mit Scham und Scham mit leiser Befriedigung: „Die Polizei hat nach dir gefragt.“ Eugenie stoppte das Rad, das bei diesen Worten sofort wieder begonnen hatte, seine Runden zu drehen, hatte aber verpasst, was die Mutter weiter gesagt hatte. Sie hörte nur noch den letzten Satz: „Nun musst du auf jeden Fall heiraten. Nur so kannst du beweisen, dass du normal bist.“

Eugenie fühlte sich sehr normal, aber dies war nicht der Moment, um über Normen und Normalität zu diskutieren. Sie schluckte. „Was hast du ihnen gesagt?" „Dass du ein selbständiges Mädchen bist und ich nicht weiß, wo du dich gerade aufhältst. Und dass ein Irrtum vorliegen muss, da wir gerade dabei sind, deine Hochzeit vorzubereiten. Eugenie, komm mit nach Hause und warte dort die Hochzeit ab, dann wird dir nichts geschehen." Eugenie unterdrückte ein Würgen, ihr war schlecht vor Angst. „Es wird keine Hochzeit geben." Mit diesen Worten ließ sie die Mutter stehen und bediente eine Kundin, die schon ungeduldig vor der Gemüseauslage gestanden hatte. Ihr Gehirn arbeitete auf Hochtouren, während sie Kartoffeln abwog und in eine Tüte packte. Es ging alles schneller, als sie es für den schlechtesten Fall erwartet hatte. Und ein Fahrrad hatte sie auch nicht mehr. Sie würde noch Serabas Besuch in der Mittagspause abwarten und dann verschwinden. Seraba hatte sicher eine Idee, wohin sie sich wenden konnte. Seraba hatte immer Ideen, manchmal waren es ihr fast zu viele, aber heute war Serabas Fantasie dringend gefragt.

Ob *die* Mutter – *ihre* Mutter passte für Eugenies Gefühl nicht mehr, denn *ihre* Mutter, *ihre Mama*, musste irgendwo im Lauf der Zeit verloren gegangen sein, ohne dass Eugenie das bemerkt hatte –, ob *die* Mutter noch im Laden war, wusste Eugenie nicht, als ihr Blick zufällig durch die große Scheibe hinter den Gemüseregalen auf die Straße fiel und sie aus dem Augenwinkel einen Polizeiwagen entdeckte.

Ohne ein Wort drückte sie der Kundin die Tüte mit den Kartoffeln in den Arm und verließ durch die Tür, durch die sie nur wenige Minuten zuvor – oder waren es Stunden? – gekommen war, den Verkaufsraum. Im Gehen zog sie die Schürze aus, warf sie auf einen Stuhl im Mitarbeiterzimmer und wühlte in den Hosentaschen nach dem Wohnungsschlüssel, den sie dann schließlich auch fand, gerade als sie vor der Wohnungstür ankam. Sie schloss auf, griff sich Jacke und Rucksack, die schon auf sie warteten, zog die Tür ins Schloss und ging mit schnellen, aber ruhigen Schritten – sie wusste, dass sie sich verdächtig machen würde, wenn sie rannte, wonach ihr eigentlich zumute war – aus ihrem Leben davon.

Eugenie staunte über diese junge Frau, die sie von außen zu beobachten meinte. So ruhig, so zielstrebig, so überlegt schien sie ihr, während sich in ihrem Kopf schon wieder das Rad zu drehen begann. *Wohin? – Seraba – Mittagspause – wohin? – Gefängnis – wohin?* Sie wühlte, während sie die Straße entlangging, nach dem Handy. Wollte Seraba Bescheid geben, wusste aber nicht, was sie ihr eigentlich sagen sollte. „Ich liebe dich", tippten ihre Finger, ohne dass sie auf die Tastatur sehen musste. Sie war sehr geübt im Schreiben von SMS, hatten sie sich doch häufig hin und her geschrieben, wenn sie sich nicht sehen konnten. „Ich gehe zu Mama Roberta", stand da, als Eugenie noch einmal las, was sie getippt hatte. Ohne nachzudenken hatte sie das geschrieben und wusste, als sie es nun las, dass dies die beste, im Moment wohl auch einzige Zuflucht für sie war.

Mama Roberta hieß eigentlich Mme. Robert. Sie führte eine kleine Pension in der nahegelegenen Großstadt und hin und wieder verbrachten Eugenie und Seraba ein paar gemeinsame Tage dort, um, wenn sie schon nicht offen ihre Liebe leben konnten, sich doch einigermaßen unbeobachtet zu fühlen und sich so wenigstens etwas ungezwungener bewegen zu können als zu Hause, wo sie beide bekannt waren. Mme. Robert war eine kleine robuste Frau, die sich um die beiden kümmerte, als wären sie nicht nur zahlende Gäste, sondern als gehörten sie zur Familie. „Wie eine

Mama eben", hatten sie lachend einmal zu ihr gesagt und damit noch mehr Sympathien geerntet. Mama Roberta ahnte wohl, was die beiden jungen Frauen verband, aber sie verlor nie ein Wort darüber.

Zu ihr wollte Eugenie. Sie erschien ihr jetzt, da sie ihre eigene *Mama* nicht mehr finden konnte in der Frau, die sie zur Welt gebracht hatte, als ein ruhender Pol, zu dem sie fliehen konnte. Wo sie sich zurück- und anlehnen konnte, bis sie weiterwusste.

Als Eugenie das Mobiltelefon wieder zurück in die Hosentasche stecken wollte, durchzuckte sie ein Blitz vom Gehirn ausgehend mitten durch den Magen bis in die linke kleine Zehe. Irgendetwas hatte sie doch neulich über Handys gehört oder gelesen, genau bekam sie es im Moment nicht zu fassen. Die Polizei hatte angeblich die Möglichkeit, über das Handy festzustellen, wo sich der Besitzer oder die Besitzerin gerade aufhielt. Sie schimpfte sich paranoid, kam aber von dem Gedanken nicht mehr los. Sie war nicht wichtig genug für eine Überwachung. Aber wenn doch? Ihr wollte auch nicht mehr einfallen, wie es technisch funktionierte. Ob es genügte, das Telefon einfach auszuschalten, oder ob es trotzdem noch aufgespürt werden konnte. Panik ergriff sie, als sie von einer Polizeisirene und Blaulicht aufgeschreckt wurde, aber der Einsatzwagen raste an ihr vorbei. Vermutlich war er zu einem Unfall oder einem Überfall, wie er hin und wieder vorkam, gerufen worden. Sie ließ das Handy in einen Kanalisationsschacht fallen und überließ das eingeschaltete Telefon somit den Ratten. Sollten die sich mit den Beschimpfungen und Drohanrufen, die noch immer hin und wieder eingingen, befassen. *Seraba*, dachte sie, *nun habe ich keine Verbindung mehr zu dir.*

Sie musste nicht lange warten, bis der Bus vor ihr hielt, der sie in die Stadt bringen sollte. Eugenie kam es allerdings vor, als dauere es ein halbes Leben. Als sie schließlich in der Pension von Mama Roberta angekommen war, fühlte sie sich, als hätte sie Steine für ein ganzes Haus zurecht geklopft oder als wäre sie zumindest den gesamten Weg zu Fuß gegangen. Mama Roberta war erstaunt, Eugenie allein und ohne Ankündigung vor ihrer Tür zu finden, sagte aber nichts. Besorgt brachte sie die junge Frau in ein freies Gästezimmer, deckte ihr das Bett auf und brachte zwei Minuten später ein Glas heiße Milch mit Honig – ein Spezialdrink des Hauses, der nach Mama Robertas Theorie eigentlich alles heilte: vom verstauchten Fuß über einen verstimmten Magen bis zu Kopf- und Halsschmerzen. Vor allem aber, so war sie überzeugt, beruhigte ihr Gebräu die Nerven. Aber als sie mit der heißen Milch ins Zimmer trat, lag Eugenie auf dem Bett und schlief. Der Rucksack lag neben ihr auf dem Boden, eine Hand hielt noch den Schultergurt fest.

Mama Roberta zog Eugenie die Schuhe aus, deckte sie zu, schob die Vorhänge vors Fenster und verließ nach einem besorgten Blick auf ihren Gast das Zimmer.

Als Eugenie aufwachte, saß Seraba an ihrem Bett. Eugenie schloss die Augen und öffnete sie wieder – Seraba war immer noch da. „Seraba." Nach einem langen Kuss, in dem Eugenie ihre Probleme zu vergessen suchte, was ihr allerdings nicht gelang, legte sich Seraba neben sie aufs Bett. „Eugenie, ich habe nachgedacht." Seraba fiel es nicht leicht, ruhig zu bleiben, aber sie wusste, sie hatten jetzt keine Zeit für den Schmerz. Der würde noch früh genug kommen. Jetzt mussten sie denken, planen, stark sein.

Seraba war Geschäftsfrau genug, um so viel Stärke und Pokerface zu bewahren, dass es vorübergehend für sie beide ausreichte. „Eugenie, Liebste, ich war kurz in deinem Laden und habe ein paar Sachen für dich eingekauft.

Dabei habe ich mich umgesehen und umgehört. Die Polizei ist dagewesen, kurz vor mir, und es schien, als ob ein Sturm durch den Laden gefegt wäre, der noch nicht wieder zur Ruhe gekommen war. Es flüsterte, ziemlich laut, in allen Ecken. Kolleginnen und Kundinnen schienen kein anderes Thema zu haben. Ich will es dir nicht so genau erzählen, ist besser so. Jedenfalls konnte ich herausfinden, dass die Polizei dich sucht und deine ‚Hure', aber nicht weiß, ‚wer die andere Schlampe ist.'

Da anscheinend niemand Zeit hatte, mich zu bedienen, konnte ich ohne aufzufallen nachfragen, was geschehen war. ‚Eine unserer Verkäuferinnen ist verschwunden. Einfach so weg. Dabei war sie heute Morgen noch da und hat eine Kundin bedient. Sie hat sie einfach stehen lassen.' Ich schüttelte den Kopf, als wäre ich doch sehr erstaunt über dich. ‚Ich sollte es Ihnen wohl nicht sagen', fuhr deine Kollegin fort, ‚aber es ist zu schrecklich. Sie war doch so eine freundliche und hilfsbereite Kollegin, nett zu uns und gut im Umgang mit den Kunden. Und auch noch gebildet, sie wollte doch bald studieren. Ich verstehe das nicht.' ‚Was hat sie denn angestellt?', fragte ich und sie schien geradezu auf diese Frage gewartet zu haben. Es sprudelte nur so aus ihr heraus."

Seraba hatte sich in Fahrt geredet und erzählte nun doch mehr, als sie ursprünglich vorgehabt hatte. „‚Sie schläft mit einer Frau, haben die Polizisten gesagt. Aber wie soll denn das gehen? Das passt doch nicht zusammen. Warum erzählt die Polizei solchen Unsinn?'" Seraba lachte und auch auf Eugenies Gesicht erschien ein kleines Grinsen. Sie legte ihren Kopf in Serabas Armbeuge und wünschte, sie könnten für immer so liegenbleiben.

Seraba fuhr fort: „Ich habe dann noch mit deiner Chefin gesprochen, als Stammkundin kennt sie mich ja, oder wohl auch nicht." Seraba lächelte zweideutig. „Sie war völlig aus dem Häuschen. ‚Wie konnte sie mir das antun, die Schlampe, sie hat uns alle getäuscht und uns was vorgemacht. Dabei hatte ich sogar überlegt, sie zu meiner Stellvertreterin zu machen. Was werden die Kunden sagen, wenn sie das erfahren? Eine Lesbe, stellen Sie sich das vor. Mitten unter uns. Sie hat alles angefasst, was die Kunden eingekauft haben.' Es hörte sich an, als hättest du eine ansteckende Krankheit", sagte Seraba lachend, obwohl ihr eigentlich gar nicht nach Lachen zumute war. „Und jetzt?", hatte Seraba vorsichtig nachgefragt. „Sie ist weg, einfach weg, wie vom Erdboden verschluckt. Aber ich bin sicher, die Polizei wird sie finden und einsperren. Man muss uns doch schützen vor solchen Menschen. Das geht doch nicht." Auf Serabas Nachfrage, wie die Polizei Eugenie denn finden wollte, erklärte sie: „Sie sind noch jung, Sie wissen nicht, was die Polizei alles kann. Sie haben gesagt, sie finden sie, egal wo sie steckt. Sie werden sie suchen, hier, in der nächsten Stadt, in der übernächsten, überall." „Die Tür zu deiner Wohnung stand übrigens offen", erzählte Seraba noch. „Ich konnte unauffällig einen Blick riskieren. Es war alles zerwühlt und vieles zerstört. Ich hoffe, du hast von dort nichts mehr gebraucht."

Eugenie schluckte trocken. Sie hatte sich eigentlich in Sicherheit geglaubt, hier bei Mama Roberta in der großen Nachbarstadt. Eine neue Wohnung, eine neue Arbeit, ein neues Leben, das musste doch wohl reichen. Fast hatte sie sogar einen Kick darin gespürt, noch einmal neu anzufangen in einer Stadt, in der sie niemand kannte. Klar, sie würde noch mehr Geld verdienen müssen, bis sie studieren konnte, denn bis sie eine neue Arbeit und eine günstige Wohnung gefunden hätte, würde sie einiges vom Ersparten aufbrauchen. Aber Seraba war nicht allzu weit weg, sie konnten sich hier in der Stadt treffen. So hatte sich Eugenie das bis eben noch ausgemalt. Aber nun drehte sich das Rad im Kopf wieder. *Sie haben gesagt, sie finden sie überall, überall, überall, überall. …* Eugenie fühlte die Angst wie einen Felsblock in ihrem Magen. Sie hockte auf dem Bett, schlang die Arme um die angezogenen Beine und hatte alles um sich herum vergessen. Sogar Seraba. *Überall, überall, überall …*

Vor ihren Augen lief ein Video, das sie einmal auf Serabas Computer gesehen hatte. Es handelte von der Verfolgung von Homosexuellen überall in der Welt. Sie wusste nicht mehr, war der Film von Amnesty International oder von einer lesbisch-schwulen Aktionsgruppe ins Netz gestellt worden? Aber die Bilder, was mit denen geschah, die erwischt wurden, hatten sich ihr eingebrannt. Eugenie versuchte, Film und Rad abzustellen, jedoch ohne Erfolg. Gehängte Schwule im Iran, gesteinigte Lesben in einem anderen Land – welches, hatte sie vergessen. Gejagte, gefolterte, im Gefängnis vergessene Menschen zogen im Geiste an ihr vorbei. Auch der Senegal war eines der Länder, von denen im Video berichtet wurde. Hier brachte man Homosexuelle zwar nicht von Staats wegen um, sondern sperrte sie „nur" für ein paar Jahre ins Gefängnis. Das hieß aber nicht, dass sie sich nicht dennoch in Lebensgefahr befanden. Denn was im Gefängnis geschah, darüber wurde nicht öffentlich gesprochen. Und den Hass ehemaliger Freunde, die sich zu Morddrohungen hatten hinreißen lassen, hatte Eugenie nun ja auch selbst erlebt.

„Eugenie, Liebste." Nur schwer drang Seraba zu ihr durch. „Eugenie, wir müssen nachdenken, wir müssen überlegen, wie es weitergehen soll. Du darfst dich jetzt nicht hängen lassen. Eugenie!"

Gewaltsam stoppte Eugenie Bilder und Gedanken und sah Seraba an. „Aber was können wir tun? Wo soll ich mich verstecken?" Es fiel Seraba nicht leicht, Eugenie zu sagen, was sie zu sagen hatte. Sie hatte lange hin und her überlegt und hatte doch keinen anderen Ausweg gefunden. Sie sah Eugenie nicht an, als sie es endlich fertigbrachte, den einen Satz zu bilden, der alles verändern würde: „Du musst fort, Eugenie, weg aus dem Senegal. Du musst nach Europa."

KAPITEL 3

Ganz weit hinten in den Windungen ihres Gehirns hatte Eugenie gewusst, was Seraba sagen würde. Auch ihr hatte sich diese Lösung als einzig möglicher Weg aufgedrängt, aber sie hatte es sich nicht eingestehen wollen, hatte den Gedanken einfach nicht zugelassen und sich stattdessen einen Neuanfang hier in der Stadt ausgemalt.

Fort. Weg aus dem Senegal. So schnell konnte sich kein Rad drehen. Das Lager zerbrach, das Rad blieb stehen:

Weg aus dem Senegal – weg von Seraba – weg aus ihrem Leben?

Mit Mühe riss sich Eugenie los, sammelte ihre Gedanken, wischte eine einzelne Träne ab, die sich langsam ihren Weg nach unten bahnte – mehr Tränen hatte sie im Moment nicht. *Ob sie vor Schreck eingefroren sind?*, überlegte Eugenie. *So wie ich. Ich bin gefroren. Ich bin ein Eisklotz.*

Aber Eis war jedenfalls besser als Stein und Fels. Eines Tages schmolz das Eis. So ein Winter konnte lange dauern, aber nicht ewig. Er fand irgendwann sein Ende. Aber so weit konnte sie jetzt nicht denken. Sie war erstarrt, gefroren und war fast dankbar dafür, denn so musste sie nicht denken, nicht fühlen und nicht in Tränen zerfließen.

„Europa? Seraba, wie soll das gehen? Und was wird aus uns?"

Seraba hatte gesehen und gefühlt, wie Eugenie zu Eis wurde. Sie hoffte auf den Sommer, der eines Tages doch kommen musste? Der auch das Eis zum Schmelzen brächte, das bereits begonnen hatte, sich auch in ihr selbst auszubreiten. *Aber alles hat seine Zeit*, dachte Seraba. Und jetzt war es Zeit, stark zu sein, hart zu bleiben und intelligent zu handeln.

„Eugenie, lass uns so tun, als wäre es ein Spiel. Ein Strategiespiel, wie wir es schon so oft zusammen gespielt haben. Aber dieses Mal sind wir keine Gegnerinnen im Spiel, sondern eine Partei. Und wir werden gewinnen."

Seraba nahm Eugenies Gesicht zwischen ihre Hände, die zart, sanft, hart oder stark sein konnten – wie es gerade notwendig war. Heute waren sie alles in einem. „Eugenie, wir werden dieses Spiel zusammen gewinnen. Wir müssen es gewinnen, denn das Spiel ist der Weg in unsere Zukunft. Du und ich, wir werden das Ziel erreichen. Vielleicht nicht auf gemeinsamen Wegen, aber am Ende werden wir wieder zusammen sein. Vielleicht in Europa, vielleicht irgendwo anders, aber das Ziel ist unser gemeinsames Leben ohne Angst und das werden wir erreichen."

Sie küssten sich lange, dann löste sich Eugenie von Serabas Mund und aus Serabas Armen, sprang vom Bett und sagte: „Lass uns das Spiel beginnen!"

Sie verließ das Zimmer, kam aber schon bald wieder zurück, beladen mit einer Kanne Kaffee, Tassen, Stiften und jeder Menge Papier.

Hätte jemand durch das Fenster gesehen, was – bei Eugenies gegenwärtiger Paranoia – glücklicherweise nicht möglich war, da sich das Zimmer im ersten Obergeschoss befand und sie außerdem die Vorhänge zugezogen hatten, so hätte der Betrachter lediglich zwei junge Frauen gesehen. Zwei Frauen – die eine ein paar Jahre jünger als die andere –, die versunken und konzentriert an der Planung ihres nächsten Urlaubs oder, eher noch, dem Bau eines gemeinsamen Hauses arbeiteten. Die Köpfe geschäftig gesenkt über nebeneinander ausgebreiteten Papierbögen, auf denen die jungen Frauen abwechselnd etwas schrieben oder zeichneten. Ab und zu ein zufriedenes Aufblicken und manchmal, ganz selten, sogar Gelächter. Die beiden aber spielten ein todernstes Spiel – das Spiel ihres Lebens –, doch das hätte ein Beobachter nicht erkennen können.

Sie spielten zwei ganze Tage hindurch. Mme. Robert brachte zwischendurch immer wieder Kaffee, heiße Milch mit Honig und etwas zu essen. Sie versuchte aber nie herauszufinden, was die beiden in ihrem Zimmer festhielt und was auf den weißen Papierblättern stand, die sie auf dem Tisch hin- und herschoben. Den Ernst der Lage aber erkannte Mama Roberta sehr wohl, und da sie nicht in unmittelbaren Kontakt mit dem Eis der beiden gekommen war, weinte sie ab und zu vertretungsweise für sie, wenn sie allein in ihrer Küche arbeitete. Obwohl sie nicht genau wusste, wofür ihre Tränen flossen, so war sie doch sicher, dass es Grund genug dafür gab. Und als irgendwann ein Fax auf ihren Schreibtisch flatterte, das an alle Pensionen und Hotels im Land ging, wusste sie, dass sie recht gehabt hatte.

Eugenie und Seraba spielten zwei ganze Tage lang und in den Nächten liebten sie sich, als ginge demnächst die Welt unter. Und für die beiden war es ja auch so: Der Untergang ihrer kleinen Welt stand unmittelbar bevor.

Am dritten Tag fuhr Seraba in ihr Büro, erledigte die wichtigsten Dinge und nahm sich eine Woche frei. Womit sie diesen plötzlichen Urlaubswunsch erklärt hatte, wusste Eugenie nicht, es war aber auch nicht wichtig. Wichtig war, dass Seraba am vierten Tag zu ihr in die Pension zurückkam und blieb.

Sie verbrachten diese Woche wie die Tage zuvor. Spielten ihr Strategiespiel, feilten noch hier und hobelten dort und nachts liebten sie sich verzweifelt und konnten sich auch im Schlaf kaum voneinander trennen.

Dann war der Plan fertig. Das Spiel aber würde weitergehen, so versicherten sie sich gegenseitig. Ein Stück weit mussten sie getrennt spielen, um am Ende irgendwann, sie hofften bald, gemeinsam das Ziel und den Sieg zu erreichen.

Eugenie würde nach Europa gehen. Die afrikanischen Nachbarländer taugten allenfalls für den Plan B, den sie während der letzten Tage ebenfalls ausgearbeitet hatten. Hier galten ähnliche Bestimmungen zur Verfolgung von Lesben und Schwulen wie im Senegal, zum Teil schlimmere. In Europa dagegen schien man problemlos leben und als verfolgte Lesbe sogar ganz einfach bleiben zu können. Eugenie musste nur, wenn sie von der ersten offiziellen Person am Flughafen angesprochen wurde, „Asyl" sagen, und schon würde alles seinen Gang nehmen. Es würde dauern, Eugenie würde Geduld haben müssen, aber wenn sie dann erst eine Wohnung und Arbeit hatte, würde Seraba nachkommen. Europa würde sie als eine wegen ihrer Liebe unterdrückte Frau mit offenen Armen aufnehmen. So dachten sie.

Das einzige Problem schien ihnen die Ausreise zu sein, erst recht, als Mama Roberta mit dem Fax angekommen war, auf dem Eugenie mit wachen Augen fröhlich in die Zukunft sah. Wann und von wem das Foto gemacht worden war, daran konnte sich Eugenie nicht erinnern, aber es war da und machte die letzte Hoffnung zunichte, vielleicht doch einfach Gras über die Sache wachsen lassen und im Senegal bleiben zu können. Das Problem mit ihrem Land war, so schien es Eugenie, dass die gesellschaftliche Entwicklung von der Technik überholt worden war. Homosexualität galt nach wie vor als unnatürlich und war unter Strafe gestellt. In entlegenen Gebieten glaubte man sogar noch, Lesben hätte besondere Kräfte und würden alle, die ihnen nicht passten, verhexen. Zugleich war die Informationstechnologie der Behörden auf dem neuesten Stand und ein Entkommen war dadurch fast unmöglich geworden. Mit ihrem eigenen Pass, so viel jedenfalls stand fest, durfte Eugenie sich nicht in die Zollkontrolle auf dem Flughafen wagen. Und zuvor musste sie außerdem ein Visum für Europa beantragen, was eine sehr langwierige und schwierige, wenn nicht sogar unmögliche Angelegenheit war. Mit ihrem eigenen Pass war gar nicht daran zu denken.

Nach langem Grübeln – sie hatten schon fast aufgegeben, denn woher sollten sie falsche Papiere und ein Visum bekommen und womit sollten sie diese bezahlen? Das Risiko, an den Falschen und damit erst recht in die Mühlen der Justiz zu geraten, war viel zu groß. Außerdem dauerte alles viel zu lange. – Nach langem Grübeln also traf Seraba die Erleuchtung wie ein Blitzschlag. Sie sprang auf und rannte durchs Zimmer. „Ich hab's, ich hab's, ich hab's, Eugenie. Ich habe die Lösung."

Seraba und Eugenie ähnelten sich wie zwei Schwestern. Seraba rasierte sich den Kopf, sobald die Haare länger als einen Zentimeter gewachsen waren, Eugenie dagegen ließ ihre Haare gerne wachsen und trug sie offen; Seraba liebte es, darin zu wühlen und ihre Nase darin zu versenken. So sehr es sie beide schmerzte, Eugenies Haare mussten weg. Weg, wie Eugenie. Aber Haare wuchsen bekanntlich wieder, auf Eugenies Kopf sogar ziemlich schnell. Dies sollte ihr geringstes Problem sein. Mit zentimeterlangen Stoppeln würden nur noch gute Freunde die beiden Frauen unterscheiden können, mit Sicherheit aber kein Zollbeamter und erst recht kein Weißer. Und – sie konnten ihr Glück kaum fassen, Glück war für sie in den letzten Tagen zu einem ganz neuartigen Begriff geworden – aus geschäftlichen Gründen hatte Seraba ein Visum für Deutschland in ihrem Pass eingetragen.

In Serabas Betrieb war unklar gewesen, wer zu einem Kongress nach Deutschland fahren sollte, daher hatten mehrere Angestellte, die in Frage kamen, ein Visum beantragt. Die endgültige Auswahl war dann auf eine Kollegin gefallen, die die besten Deutschkenntnisse besaß und deren Fehlen den Betriebsablauf zum Zeitpunkt des Kongresses am wenigsten behinderte, und Seraba musste auf die Reise verzichten. Ihr Visum war noch weitere zwei Monate gültig. So lange könnte Eugenie sich legal in Deutschland aufhalten. Sie entschieden sich aber für die Variante, die ihnen am sichersten erschien: Eugenie sollte sofort nach ihrer Ankunft Asyl beantragen, sich also dem ersten Behördenvertreter zu erkennen geben. „Ich beantrage Asyl. Ich werde in meiner Heimat verfolgt, weil ich homosexuell bin.“ Diesen Satz lernte Eugenie auf Deutsch zu sagen und wiederholte ihn so lange, bis er so fest saß, dass sie ihn in jeder Situation fehlerfrei und überzeugend würde aufsagen können – wie die Gedichte, die sie als Kind in der Schule auswendig gelernt hatte. Sie lernte noch einen zweiten Satz: „Ich bin Eugenie, nicht Seraba.“

So würden die Deutschen gleich zu Beginn wissen, dass Eugenie es ehrlich meinte und dass sie zu Unrecht verfolgt wurde. Dann würde alles seinen europäischen Gang gehen und schon bald könnte Seraba nachkommen und sie hätten das Ziel ihres Strategiespiels erfolgreich erreicht.

So dachte Eugenie und so dachte Seraba. Das war ihr Plan.

Seraba hatte ein neues Handy für Eugenie gekauft, dessen Nummer nur sie beide und – für alle Fälle – Mama Roberta kannten. Seit Mme. Robert kommentarlos mit dem

Fax der Polizei zu ihnen gekommen war, vertrauten sie ihr vollkommen und es wurde abgemacht, dass sie die Zentrale sein würde, über die sie Kontakt aufnehmen konnten, wenn alle anderen Wege versperrt waren. Auf ihrem Computer hatten sie dann einen Flug für Eugenie nach Deutschland gebucht. Außerdem hatten sie Geld gewechselt.

Eugenie hatte noch nie von der Stadt gehört, in der sie nun bald landen sollte. Warum hätte sie sich bisher auch für europäische Geografie interessieren sollen? In der Schule wurden die Länder Europas zwar am Rande erwähnt, aber der Schwerpunkt lag auf dem afrikanischen Kontinent und überhaupt war Geografie nicht gerade ihr Lieblingsfach gewesen.

Eugenie würde allein zum Flughafen fahren, Seraba noch einen Tag bei Mama Roberta bleiben und auf ihre Rückmeldung warten, wenn sie in Deutschland gelandet war – für den Fall, dass es zu irgendwelchen Zwischenfällen kam. Sich zu zweit auf der Straße zu zeigen, da sie nun gemeinsam einen einzigen Pass benutzten, erschien ihnen nicht ratsam. Eugenies Papiere fanden ein Versteck in der Pension, falls sie doch noch einmal gebraucht würden.

Als es so weit war und sie sich trennen mussten, war Eugenie trotz des tagelang und bis in die letzten Möglichkeiten ausgetüftelten Plans vor Angst fast ohnmächtig. Würde alles so funktionieren, wie sie glaubten und hofften? Hatten sie nichts übersehen, nichts vergessen, keine falschen Tatsachen zugrunde gelegt? Sie konnte außer den beiden auswendig gelernten Sätzen kein Deutsch, wie würde sie sich verständigen können? Würde ihr Schulenglisch genügen? Und vor allem: Wann würde sie Seraba wiedersehen?

Der Abschied war schmerzhaft und kurz, kurz und schmerzhaft, schmerzhaft kurz.

Eugenie nahm den Bus zum Flughafen und versuchte, sich nur auf die nächste Etappe zu konzentrieren und alle anderen Gedanken zu unterdrücken.

KAPITEL 4

An die ersten Wochen in Deutschland erinnerte sich Eugenie später nur schemenhaft. Sie war problemlos am Flughafen durch die Kontrolle gekommen, niemand hatte den Lärm gehört, den ihr Herz währenddessen verursachte, und der, so meinte sie, die erlaubten Dezibel um ein Vielfaches überschritt.

In Deutschland hatte sie nach der Landung wie besprochen dem ersten Beamten, der sie am Zoll ansprach, ihr Sprüchlein aufgesagt. Der hatte sie erst erstaunt, dann entnervt und bei dem Wort homosexuell etwas süffisant angesehen und sie dann einer Frau in Uniform übergeben, die Eugenie in ein kleines Kabuff führte. Ein Schreibtisch, dahinter ein Drehsessel, davor ein einfacher Stuhl aus Kunststoff, auf dem Schreibtisch ein Computer und ein Telefon – mehr gab es hier nicht. Es wäre auch kaum Platz dafür gewesen.

Eugenie wiederholte ihre zwei Sätze unablässig, bis die Frau sie ungeduldig zum Schweigen brachte, indem sie sie mit einem deutschen Wortschwall überschüttete.

Der Versuch, sich auf Englisch verständlich zu machen, scheiterte, da sie beide nicht genügend Sprachkenntnisse und vor allem zu wenig Übung besaßen – außerdem schienen sich das senegalesische und das deutsche Schulenglisch deutlich zu unterscheiden.

Die Frau brachte Eugenie einen Kaffee vom Automaten, an dem sie zuvor vorbeigekommen waren, und ließ sie dann allein. Eugenie hörte, wie die Tür abgeschlossen wurde, und konzentrierte sich darauf, die Angst, die sofort in ihr hochstieg, zu unterdrücken. Sie griff nach ihrem Handy. *Seraba.* Sie musste Seraba anrufen und ihr sagen, dass sie gut angekommen war. Dass alles gut gegangen war, genauso, wie sie es geplant hatten. Eugenie, eingeschlossen in einem winzigen Raum, in dem sie kaum zwei Schritte gehen konnte, hatte nicht unbedingt das Gefühl, alles wäre wirklich gut gegangen. Aber es würde sich schon noch zum Guten wenden. Eugenie glaubte fest daran, oder besser: Sie wollte unbedingt daran glauben. Das war jedoch nicht leicht und als sie dann noch feststellte, dass ihr Handy kein Netz fand, konnte sie die lange unterdrückten Tränen nicht mehr zurückhalten.

Eugenie wusste nicht, wie lange sie so gesessen hatte. Als die Tür aufgeschlossen wurde, hatte sie schon lange aufgehört zu weinen und war in einen Nebel eingetaucht, der sich die nächsten Wochen nicht mehr auflösen sollte. Mal dichter und mal weniger dicht waberten die Nebelschwaden um Eugenie herum und nur ganz selten konnte sie erkennen, dass es ein Draußen gab, wo Licht war. Aber dann schloss sich der Nebel sofort wieder um sie.

Die Frau hatte einen Kollegen und einen Stapel Papiere mitgebracht, die sie Eugenie aushändigte. Eugenie wurde zu einem Auto geführt, wusste später weder, wie lange, noch in welche Richtung sie gefahren waren. Sie musste wohl vor Erschöpfung eingeschlafen sein.

Die nächsten Wochen verbrachte Eugenie in einem heruntergekommenen Zimmer in einem nicht weniger heruntergekommenen Gebäude. Mit ihr im Zimmer wohnten fünf andere Frauen, mit denen sie sich kaum verständigen konnte. Eine kam aus dem Kosovo, einem Land, von dem Eugenie noch nie etwas gehört hatte. Eine andere aus Nigeria, die übrigen Länder hatte sie gleich wieder vergessen.

Im Zimmer konnte man sich kaum bewegen. Drei Stockbetten, sechs Spinde für Kleider und persönliche Utensilien – keine von ihnen hatte viel davon mitgebracht, als sie ihre Heimat mehr oder weniger überstürzt hatte verlassen müssen. Alle außer Eugenie besaßen aber kleine Radios, konnten sich nie auf einen Sender einigen und befanden sich in einem ewigen Wettstreit, wer wen übertönen konnte. Sechs Stühle, ein Tisch, ein Waschbecken, ein kleines Fenster. Mehr gab es nicht, aber der Raum war brechend voll. Die Frauen saßen oder lagen fast den ganzen Tag auf ihren Betten. Wenn sich mehr als zwei von ihnen zur gleichen Zeit im Zimmer bewegen wollten, gab es einen Verkehrsstau.

Irgendwann gelang es Eugenie schließlich auch, Seraba anzurufen, die vor Sorge schon ganz krank war.

Eugenie versuchte später sich zu erinnern, was in dieser Zeit in der zentralen Aufnahmestelle eigentlich geschehen war, aber der Nebel blieb über dieser Zeitspanne hängen. Sie erinnerte sich, dass sie hin und wieder geholt worden war, um Fragen zu beantworten, die sie nicht wirklich verstand. Einmal war eine Frau dagewesen, die ihr hatte helfen wollen. Sie hatte Eugenie zu den Anhörungen begleitet, war aber auch nicht endgültig durch den Nebel gedrungen. Ohne ihre Hilfe – das wurde Eugenie aber erst viel später bewusst – wäre sie verloren gewesen. Sie hatte irgendwann aufgegeben und Eugenie einige bunt bedruckte Zettel dagelassen, die diese zwar in ihren Rucksack gesteckt, aber nicht gelesen hatte.

Manchmal kochte sie Tee, manchmal aß sie etwas – sie konnte sich später nicht einmal mehr erinnern, wo Tee, Kocher und Lebensmittel hergekommen waren. Den Rest der Zeit verbrachte sie auf ihrem Bett. Sie hatte eines in der oberen Etage bekommen. Dort lag sie, starrte die Decke an, verfolgte die zahllosen Risse und Wasserspuren, die sich im Lauf der Jahre eingefunden hatten, untersuchte die Muster und Figuren, die sie bildeten, und wünschte sich, einzuschlafen und nie wieder aufwachen zu müssen.

Nach dem plötzlichen Schock im Haus ihrer Eltern, drohender Verheiratung, Prügel, Bruch mit Familie und Freunden und der hochkonzentrierten Woche mit Seraba in Mme. Roberts Pension, als sie nur Gedanken für ihr Strategiespiel und ihre Liebe gehabt hatte, war Eugenie schließlich zusammengebrochen und in einem heilsamen Nebel verschwunden. Heilsam, aber gefährlich und im Nachhinein unheimlich und erschreckend, da sie sich nicht erinnern konnte, wem sie welche Angaben gemacht hatte und was bei der Anhörung und im Anschluss daran geschehen war.

Dann wurde Eugenie *umverteilt*.

Wie ihr Jeff später erzählte, war sie direkt vom Flughafen aus in eine zentrale Aufnahmestelle – Aufnahmelager, sagte Jeff – gebracht worden. Alle, die in Deutschland Asyl beantragten, so erklärte Jeff, kamen zunächst in eine solche Einrichtung, wo die Anhörungen zum Asylverfahren stattfanden. Später wurden sie dann *umverteilt*, das hieß, die Flüchtlinge wurden auf einzelne Städte verteilt, damit keine dieser Städte sich ungerecht belastet fühlte. Sie war also eine Belastung, dachte Eugenie. So hatte sie das noch nie betrachtet. Wenn sie selbst jemandem helfen konnte, so tat sie das gerne und fühlte sich nicht dadurch belastet.

Eugenie wurde in eine kleine Stadt *umverteilt*, wo die Flüchtlinge in einer alten Kaserne außerhalb der Ortsgrenzen untergebracht wurden, die schon viel zu lange keine Handwerker mehr gesehen hatte. „Im Lager“, sagte Jeff. Und: „Damit es euch bei uns nicht gefällt und ihr freiwillig schnell wieder geht." Und: „Dort stört euer Anblick die Leute nicht in ihrem schönen, sauberen Leben, in dem Verfolgung, Gefängnis und Tod keinen Platz haben."

Eugenie hatte Glück. Sie bekam ein Zimmer für sich allein. Die Tür ließ sich nur halb öffnen, dann stieß sie ans Bett, das die gesamte Längswand des Raumes einnahm. Hinter dem Bett war ein Fenster in die Wand eingelassen, das sich nur öffnen ließ, wenn man das Bett von der Wand abrückte. Dazu musste die Tür geschlossen sein. Am Kopfende stand neben dem Bett ein kleines Kästchen, daneben ein Stuhl, dann war die Wand zu Ende. Vor dem Stuhl gab es einen winzigen wackeligen Tisch mit einer Schublade, die sich nur mit Gewalt und viel Geduld öffnen ließ. Daneben war ein Waschbecken angebracht, von dem eine Ecke leicht abgesplittert war. Der Wasserhahn tropfte. Langsam und stetig.

Zwischen Tür und Waschbecken befand sich ein alter Metallspind, in dem jemand eine Zeitung mit ihr unbekannten Schriftzeichen und eine Tasse ohne Henkel hinterlassen hatte.

Eugenie hatte nicht ganz zwei Meter mal einen Meter, um sich zu bewegen, aber sie besaß einen Raum für sich allein und in der Tür steckte ein Schlüssel. Jemand schien sich am Schloss zu schaffen gemacht zu haben, aber es funktionierte noch.

Eugenie war fast glücklich. Der Mensch wird schnell bescheiden: Wird ihm alles genommen und dann ein wenig davon zurückgegeben, so fühlt er sich reich beschenkt. So ging es Eugenie. Und plötzlich begann der Nebel sich zu lichten. Die Schwaden waberten langsam davon, von ihr weg, hinaus durch die Ritzen des geschlossenen, aber undichten Fensters. Und der Wasserhahn tropfte. Langsam und stetig.

Nach der Ankunft in Deutschland

Flüchtlinge können nach ihrer Ankunft in Deutschland bei der Polizei oder jeder anderen Behörde einen Asylantrag stellen.

Sie kommen in eine Erstaufnahmeeinrichtung, wo sie registriert und über ihre Gründe zur Flucht befragt werden. Es wird ihnen eine sogenannte Aufenthaltsgestattung erteilt, mit der sie in Deutschland bleiben dürfen, bis über ihren Antrag auf Asyl entschieden worden ist.

Nach drei Monaten erfolgt nach einem festgelegten Quotensystem die Umverteilung in eine Stadt bzw. einen Landkreis. In den meisten Bundesländern werden die Flüchtlinge in Sammelunterkünften untergebracht.

Eugenie ließ sich aufs Bett fallen – und landete unsanft, denn die Matratze war dünn und darunter gab es nur ein Brett. Aber das störte sie nicht. Sie lauschte dem Tropfen des Wasserhahns und ganz langsam fand sie zurück ins Spiel ihres Lebens. Sie war noch immer am Zug, auch wenn sie sich nicht an ihre letzten Schritte erinnern konnte. Sie war immer noch dran und ab jetzt würde sie wieder aktiv und bewusst spielen, alle Wege ausprobieren, um am Ende den richtigen zu finden, der sie ans Ziel führte.

Sie verstaute ihre wenigen Utensilien im Blechspind, der zwar verbeult und rostig, aber doch einigermaßen sauber war. Dann zog sie den Schlüssel aus dem Schloss der Zimmertür und befestigte ihn an einem kleinen Plüschlöwen, der einen Schlüsselring trug. Seraba hatte ihn ihr beim Abschied geschenkt. „Das ist Seraba“, hatte sie gesagt, „und der hier …“ – sie zeigte Eugenie einen zweiten ebensolchen Löwen – „… der hier ist Eugenie, der bleibt bei mir. Eines Tages werden die beiden Löwen wieder zusammen sein.“

Eugenie barg den kleinen Löwen in ihrer Hand und erinnerte sich. Dann gab sie sich einen Ruck und verließ das Zimmer. Sie schloss ab und begann damit, das Haus zu erforschen, das nun für die nächste Zeit ihr *Zuhause* sein würde. Ihr Zimmer befand sich im Erdgeschoss. Von einem langen, breiten und dunklen Flur gingen viele Türen ab, hinter denen sich andere Zimmer und andere Menschen befanden. Die alte Kaserne besaß drei Stockwerke und unzählige verschieden große Räume, einige so klein wie das von Eugenie, die meisten aber groß und mit mehreren Bewohnern besetzt. Aus den Türen tönte Musik aller Art, Streit, Lachen, Kindergeschrei und ein Gewirr vieler unterschiedlicher Sprachen. Im Erdgeschoss gab es eine große Küche, deren Einrichtung aus ein paar sehr alten Herden bestand, die teilweise ihre Drehschalter und

Knöpfe verloren hatten. Geputzt worden waren sie wohl schon lange nicht mehr. Genauso wenig wie das große Spülbecken aus ursprünglich weißem Porzellan, das viele Risse aufwies und wohl nicht ganz dicht war, wie die Pfütze darunter ahnen ließ. Eugenie konnte sich nicht vorstellen, hier zu kochen, auch wenn der appetitliche Geruch, der in der Luft hing, ihr Hunger machte. Es konnte noch nicht allzu lange her sein, dass hier gekocht worden war, obwohl sich nirgends eine Menschenseele blicken ließ.

Sie ging weiter, der unterwegs immer stärker werdende Geruch nach Urin zeigte ihr den Weg zu den Toiletten. Sie warf einen kurzen Blick hinein, schloss aber schnell die Tür wieder hinter sich und ging die Treppe hinauf ins erste Obergeschoss, in der Hoffnung, dort etwas bessere Zustände vorzufinden. Im ersten Stock gab es keine Küche, dafür Gemeinschaftsduschen, die nur unwesentlich sauberer waren als die Toiletten im Erdgeschoss. Die einzelnen Duschkabinen waren durch Bretterwände, die unten und oben offen waren, voneinander abgetrennt. Ein Vorhang aus Plastik verschloss die Kabine nach außen. Bei den meisten waren einige Ringe ausgerissen und Eugenie unterteilte die Kabinen in gute und schlechte, je nachdem, ob die Aufhängung in der Mitte oder am Rand defekt war, was dann keinen vollständigen Sichtschutz bot. Zu allem Überfluss schien es keine getrennten Duschen für Männer und Frauen zu geben. Eugenie, die es gewohnt war, täglich zu duschen, grübelte, wie sie dieses Problem lösen sollte. Dann erinnerte sie sich an ihr privates Waschbecken im Zimmer und beschloss, dass dies wohl zunächst genügen müsste. Auch der dritte Stock war nicht besser. Es roch noch schlimmer nach Urin als unten. In der Mitte hatte Eugenie keine Toiletten finden können, was den fehlenden Geruch erklärte. Duschen gab es keine, Toiletten und Küche waren in einem ähnlichen Zustand wie im Erdgeschoss.

Besonders willkommen schien sie den Deutschen nicht zu sein, überlegte Eugenie, während sie die Treppe wieder nach unten ging. Die Stufen waren ausgetreten, manche quietschten und knarrten eine ganz besondere Sinfonie, und an den Wänden fehlten teilweise die Abdeckungen von Steckdosen und Schaltern, sodass die Drähte blank aus der Wand hingen. Ihr gruselte. Wie gut, dass sie allein war. Dass sie kein Kind bei sich hatte. Wie gut, dass Seraba nicht wusste, wie sie hier wohnen musste.

Eugenie verließ das Haus, um sich die Umgebung anzusehen. Die Lage war idyllisch, das musste sie zugeben, wenn, ja, wenn man im Grünen leben wollte und ein Fahrzeug besaß. Die alte Kaserne war von einem großen Exerzierplatz umgeben. Es gab zwei Tischtennisplatten aus Beton und ein Volleyball-Netz. Eugenie entdeckte ein durchlöchertes altes Ölfass, aus dem es noch rauchte. Mehrere Aschehaufen mit Resten von verbranntem Holz waren auf dem Hof verteilt. In den Ecken und an den Mauern standen und lagen kaputte Plastikstühle, leere Flaschen, Bretter und jede Menge anderer Müll herum. Überall verteilt gab es abgenutztes Kinderspielzeug und mittendrin hatte jemand einen Sandhaufen aufgeschüttet, in den Straßen und Tunnels gebaut worden waren.

Das ganze Areal war von einer hohen Mauer umgeben, das Tor hing schief in den Angeln und ließ sich nicht mehr schließen. *Immerhin*, dachte sich Eugenie, *wir sind nicht eingesperrt*. Vor dem Tor entdeckte sie eine Bushaltestelle. Der Bus hielt zweimal am Tag, einmal morgens um acht Uhr und das zweite Mal nachmittags um 17 Uhr. Wer sonst wegfahren oder ankommen wollte, musste wohl zu Fuß gehen oder sich ein Fahrrad organisieren. Aber Eugenie, die nicht einmal wusste, wie sie eine Fahrkarte für den Bus finanzieren sollte, wagte gar nicht, an ein Fahrrad zu denken. Sie hatte zwar ihre Ersparnisse mitgebracht, trug sie Tag und Nacht in einem Beutel um den Hals, aber wer wusste schon, wie lange sie damit würde auskommen müssen.

Die Straße, die an der Kaserne entlang lief, schien ins Nichts zu führen. In jeder Richtung. Eugenie umrundete die ganze Kaserne, aber außer Bäumen und Wiesen konnte sie nichts entdecken. Kein Mensch weit und breit. Nur der Wind bewegte die Blätter in den Obstbäumen.

Bisher hatte Eugenie noch keinen Menschen gesehen. Nicht in der Kaserne und nicht außerhalb. Wären die unterschiedlichen Geräusche hinter den Zimmertüren nicht gewesen, hätte man das Gebäude für verlassen halten können. Als Eugenie nun aber wieder zurück durch das Tor auf den Exerzierplatz trat, sah sie mittendrin eine Gruppe Männer stehen, die rauchten und durcheinander redeten. Einer stocherte mit einem Stock in dem alten Ölfass, wohl um das Feuer wieder in Gang zu bringen, und als Eugenie näher trat, verstummten die Männer und sahen auf. Sie fühlte sich unwohl und genauestens beobachtet und ging rasch an den Männern vorbei ins Haus. Erst als sie die Tür ihres Zimmers hinter sich abgeschlossen hatte, entspannte sie sich. Wie lange würde sie hier bleiben müssen? Sie wollte so schnell wie möglich eine Wohnung suchen und dann Arbeit. Oder vielleicht besser umgekehrt. Wohnungen waren sicher teuer.

Im Lauf der Nebelwochen hatte sich ein ganzer Stapel Papier bei Eugenie angesammelt. Diesen wollte sie nun endlich mit wachem Kopf durchsehen. Kaum hatte sie zu lesen begonnen – das geschriebene Englisch schien, anders als das gesprochene, gleich zu sein wie im Senegal –, zerplatzten ihre Pläne wie angestochene Luftballons. Was sie las, stürzte sie in ein weiteres Loch: Sie durfte nicht arbeiten, sie durfte nirgendwo anders wohnen als hier. Sie durfte nicht weiter als bis in die Stadt, jede größere Entfernung war ihr verboten (Residenzpflicht nannte sich das, las Eugenie, und ein Verstoß dagegen wurde bestraft). Essen bekam sie einmal pro Woche. Ein fahrbarer Laden würde kommen. Die Grundnahrungsmittel wurden ihr zugeteilt, was sie sonst brauchte, konnte sie dort kaufen. Das Essen bekam sie kostenlos, ihre anderen Ausgaben, auch die Busfahrkarte, musste sie von einem kleinen Taschengeld bestreiten, das sie monatlich bekommen würde.

Noch viele andere Informationen standen auf dem Blatt, das Eugenie in der Hand hielt, aber ihr reichte es fürs Erste. Sie griff nach den bunten Flyern, die die Frau im Nebel ihr gegeben hatte, bevor sie *umverteilt* wurde. Hier fanden sich Adressen von Ämtern und Behörden, von Ärzten und von Gruppen und Einzelpersonen, die es sich zur Aufgabe gemacht hatten, die Flüchtlinge, die neu nach Deutschland kamen, zu beraten und zu unterstützen. Auch verschiedene Tipps, wie sie sich am besten verhalten sollte, was sie den Behörden erzählen musste, was sie besser für sich behielt, welche Rechte sie hatte und wie der weitere Verlauf des Asylverfahrens sein würde. Das hätte sie sich wohl besser früher angesehen, stellte Eugenie fest. Aber der Nebel um sie herum war damals auch in ihren Kopf eingedrungen und hatte sie handlungsunfähig gemacht. Nun musste sie zusehen, wie sie aus dem Schlamassel, das sie möglicherweise angerichtet hatte, wieder einigermaßen unbeschadet herauskam. Sie suchte nach Kontaktadressen und beschloss, da sie – nach den bisherigen schlechten Erfahrungen, die sie mit der Verständigung gemacht hatte – nicht wagte zu telefonieren, in der Stadt ein Internetcafé zu suchen und sich auf diesem Wege um Hilfe zu bemühen.

Da hörte sie im Zimmer nebenan jemanden weinen. Die Wände waren zu dünn, um das Schluchzen der Frau, die da wohl neben ihr wohnte, zu verschlucken. Eugenie versuchte, nicht hinzuhören, was ihr aber nicht gelang, und so stand sie, als das Weinen nicht enden wollte, auf, verließ ihr Zimmer, schloss hinter sich sorgsam ab und klopfte vorsichtig an die Tür des Nachbarraumes. Das Schluchzen wurde unterbrochen, jemand sagte leise „come in“ und Eugenie trat ein. Das Zimmer war genau wie das ihre eingerichtet. Auf dem Bett saß eine junge schwarze Frau. Schwarz bedeutete für Eugenie fast so viel wie Zuhause unter all den weißen Gesichtern, denen sie fast ausschließlich begegnet war, seit sie den Senegal verlassen hatte. „Hello, I'm Eugenie. I heard you cry.“ Das Englisch, in dem die junge Frau antwortete, konnte sie verstehen, Eugenie atmete auf. Die Frau winkte einladend und während sie sich ausgiebig die Nase putzte, setzte sich Eugenie zu ihr aufs Bett. „Can I help you?“

Zögernd erzählte Betty, so hieß die Nachbarin, ihre Geschichte. Eugenie staunte, welche Zufälle ihr Strategiespiel zu bieten hatte. Betty kam aus Nigeria, war mit einer Frau zusammen gewesen, die sie liebte, sie wurden beobachtet und Betty infolgedessen ein paar Mal inhaftiert. Sie verbrachte immer wieder einige Tage oder Wochen in einer Zelle der örtlichen Polizeistation der kleinen Stadt, in der sie lebte, bis es ihr gelang zu fliehen. Ihre Familie, die einer protestantischen Gemeinde angehörte und den christlichen Glauben mit altmodischem Hexenglauben, wie er auf dem Land nur schwer auszurotten war, verquickte, machte sie für alles Unglück in der Umgebung verantwortlich und jagte sie davon. Mit sechzehn war Betty vergewaltigt worden, ihre Tochter, die daraus entstanden war, ließ sie bei ihrer eigenen Großmutter zurück, um sie später nachzuholen. Betty war schon über ein Jahr in Deutschland, als sie die Nachricht erhielt, dass ihre Partnerin bei einem Autounfall ums Leben gekommen war. Das war vor drei

Monaten gewesen. Betty erzählte – immer wieder von Schluchzen und Weinen unterbrochen –, es gäbe eine afrikanische Community in der Stadt, bei der sie immer wieder Unterstützung und Hilfe gefunden hatte. Hier hatte sie auch nach der Nachricht vom Tod ihrer Freundin Trost gesucht. In ihrer Verzweiflung hatte sie sich betrunken, um zu vergessen, und schließlich die Nacht in den tröstenden Armen eines Ghanaers verbracht. Und jetzt war sie schwanger und wusste nicht weiter.

Eugenie legte den Arm um Betty. So viel Unglück verschlug ihr die Sprache und sie dachte sorgenvoll an Seraba. Sie war so weit weg, wie lange würde es dauern, bis sie es erfuhr, wenn ihr etwas geschah? In kurzen Worten erzählte sie Betty ihre eigene Geschichte. Die beiden saßen noch lange aneinander gelehnt auf dem Bett: zwei junge Frauen mit einem ähnlichen Schicksal, die sich bis vor wenigen Minuten noch nicht gekannt hatten.

Dann stand Betty auf und kochte Tee. *Ein Wasserkocher, ich brauche einen Wasserkocher*, schoss es Eugenie durch den Kopf. Aber darum ging es im Moment nicht. Sie wollte Betty gerne helfen, wusste aber nicht wie. Betty erzählte weiter. Über eine Kontaktadresse hatte sie ein paar deutsche Lesben kennengelernt, die sie während des fast aussichtslosen Asylverfahrens unterstützt hatten. Betty sollte ein Gutachten erbringen, dass es ihr unmöglich wäre, je wieder mit einem Mann zusammen zu sein, und man forderte von ihr schriftliche Unterlagen über ihre Inhaftierung zu Hause. „Die gibt es aber nicht", sagte Betty. „Ich war ja nicht offiziell und mit Gerichtsbeschluss im Gefängnis, sondern einfach so, immer mal wieder, wie das bei uns eben so ist. Das können die sich hier nicht vorstellen."

Gestern nun hatte Betty den Unterstützerinnen erzählt, was geschehen war, und fast alle hatten daraufhin den

Kontakt zu ihr abgebrochen, weil sie das Kind behalten und vor allem, weil sie mit dem Vater des Kindes zusammenbleiben wollte. Nur Jeff stand noch hinter ihr. Jeff kam sie immer mal wieder besuchen und bestimmt würde Eugenie sie auch bald kennenlernen.

Eugenie schüttelte den Kopf. Warum hatten die Frauen Betty fallen gelassen? Was ging es sie an, mit wem sie zusammen war? Deshalb waren sie doch von zu Hause geflohen, weil sie nicht lieben durften, wen sie wollten, und nicht zusammen sein konnten, mit wem sie wollten. Und nun war das hier wieder ein Problem? Diesmal andersherum? Eugenie verstand diese Leute nicht. Nicht ihre eigenen (Wer waren ihre eigenen überhaupt?) und nicht die anderen.

Jeff würde sich morgen mit ihrem Anwalt treffen, berichtete Betty weiter (*Anwalt*, dachte Eugenie, *ich brauche einen Anwalt, der mir erklären kann, was ich vielleicht falsch gemacht habe im Nebel, und der das wieder hinbiegen kann.* Sie vermerkte „Anwalt", direkt nach „Internetcafé" und „Wasserkocher", auf der To-Do-Liste in ihrem Kopf). Sie hatte nicht genau zugehört, was Betty über Jeff und den Anwalt erzählt hatte, aber das war wohl auch nicht so wichtig für sie. Betty begann wieder zu weinen. „Jetzt, wo ich ein Kind bekomme, werden sie mir nie glauben, dass ich als Lesbe verfolgt wurde zu Hause und nicht mehr zurück kann. Sie werden mich abschieben."

Residenzpflicht

Asylsuchende sind verpflichtet, sich am von der Ausländerbehörde zugewiesenen Wohnsitz aufzuhalten. Sie dürfen die Stadt bzw. den Landkreis nicht verlassen ohne eine schriftliche Genehmigung der zuständigen Behörde. Ein Verstoß gegen die Residenzpflicht kann zur Verhängung von Bußgeldern bzw. im Wiederholungsfall zu einem Strafverfahren führen.

Deutschkurse

Nur anerkannte Asylsuchende haben das Recht (und die Pflicht), einen Integrationskurs zu besuchen, der in erster Linie der Vermittlung der deutschen Sprache dient.

Wer nicht anerkannt ist, kann sich selbst um einen Deutschkurs bemühen, muss aber die Kosten dafür auch selbst tragen.

Wohnen in der Sammelunterkunft

Die Sammellager befinden sich oft weit außerhalb der Innenstädte und sind häufig in einem schlechten baulichen Zustand. Die Flüchtlinge leben meist auf engstem Raum zusammen und müssen sich Küche, Dusche und Toilette teilen.

KAPITEL 5

Heute war Mittwoch und jeden Mittwochvormittag kam der LKW mit Lebensmitteln auf den Hof der alten Kaserne gefahren. Da Eugenie am Dienstag *umverteilt* worden war, war sie mit den paar Brötchen, die sie im Gepäck gehabt hatte, so lange über die Runden gekommen.

Laut hupend fuhr der Einkaufsladen durch das Tor auf den Exerzierplatz. Der Fahrer öffnete die Plane und warf diese mit einem langen Brett nach oben, sodass das Fahrzeug nun längsseits offen war. Über eine kleine Leiter durften die erwachsenen Bewohner und Bewohnerinnen der Kaserne jeweils zu dritt auf die Ladefläche klettern, um sich die Waren auszusuchen, die sie neben der bereits fertig gepackten Kiste mit Lebensmitteln, die sie jede Woche zugeteilt bekamen, noch brauchten. Eugenie kaufte sich einen Wasserkocher, was ein riesiges Loch in ihr Budget riss, und eine kleine Dose Instantkaffee. Mehr war nach diesen Anschaffungen nicht mehr drin und Eugenie ging mit ihrer grünen Plastikkiste, Wasserkocher und Kaffee zur Tischtennisplatte, stellte alles ab und begann, den Inhalt der Essenskiste zu untersuchen. Mehl, Brot, H-Milch, Reis, Nudeln, Kartoffeln, eine riesige weiße Knolle, die wohl eine Art Gemüse war, Eier, zwei Blechdosen mit ihr unbekanntem Inhalt und eine Flasche Öl. Das war alles. Damit musste sie bis nächsten Mittwoch klarkommen. In den letzten Wochen hatte ihr Magen rebelliert. Er schien das deutsche Essen, das sie irgendwoher aus dem Nebel bekommen hatte, nicht zu vertragen. Sie würde sehen müssen, wie sie sich einzig aus deutschen Lebensmitteln, ohne afrikanische Zutaten, magenverträgliches Essen kochen konnte. Eugenie war keine geübte Köchin, aber sie würde es schon irgendwie hinkriegen.

Sie erschrak, als ihr einfiel, dass sie keinen Kochtopf hatte. Lediglich einen Teller, Messer, Gabel und einen Löffel hatte sie in der verklemmten Tischschublade gefunden, die sich nach langem Ruckeln und kräftigem Ziehen öffnen, dafür jetzt aber nicht mehr richtig schließen ließ. Und im Schrank war noch die Tasse ohne Henkel. Aber immerhin ließen sich die Blechdosen ohne Büchsenöffner an einem eingearbeiteten Metallring öffnen, so viel hatte sie schon bemerkt, und vielleicht konnte sie ja zunächst in einer solchen Büchse kochen. Jetzt noch schnell einen Kochtopf zu kaufen war zu teuer und außerdem verschloss der Fahrer auch bereits die LKW-Plane wieder.

Fast alle Kasernenbewohner standen nach dem Einkauf noch auf dem Hof herum, kaum jemand ging ins Haus. Eugenie wunderte sich, lehnte sich an die Tischtennisplatte und beobachtete das Geschehen. Zeit genug hatte sie ja. Betty war nicht einkaufen gewesen, sie schien gar nicht zu Hause zu sein. Sie konnte sie also auch nicht fragen, was da geschah, als, kurz nachdem der LKW den Hof verlassen hatte, ein blauer VW-Bus auf den Hof fuhr. Er hatte weiß-rot gestreifte Vorhänge an den Fenstern, viele Aufkleber wild verteilt überall am Fahrzeug und einige Beulen und Rostflecken waren auch nicht zu übersehen. Am Steuer saß eine junge Frau, ein ebenso junger Mann saß neben ihr.

Auf den Bus hatten die anderen wohl gewartet. Er hielt direkt vor ihnen an, die beiden stiegen aus und öffneten die Schiebetür. Sie luden leere Kisten aus und die voll bepackten Kisten, die die Menschen sich zuvor vom LKW geholt hatten, wanderten in den Bulli. Wieso nahmen ihnen die beiden jungen Leute ihr Essen weg, fragte sich Eugenie. Sie hielt ihre Kiste fest, als die Frau auf sie zusteuerte. „Ich bin Jeff“, sagte diese in bemüht deutlichem Englisch. Sie hatte wohl schon Erfahrungen mit ähnlichen Verständnisproblemen gemacht, wie sie Eugenie hatte. „Du bist neu hier.“ Jeff grinste unsicher, als sie bemerkte, wie Eugenie ihr Essen verteidigen wollte. „Ich nehme dir deine Kiste nicht weg, wenn du nicht willst“, versuchte sie, sie zu beruhigen. „Die Sache ist die: Wir gehören zu einer Gruppe aus der Stadt und immer mittwochs, nachdem euer LKW weggefahren ist, kommen zwei von uns mit dem VW-Bus. Wer will, verkauft uns seine Kiste. Wir nehmen das Essen und ihr bekommt Geld von uns dafür, mit dem ihr dann in der Stadt einkaufen könnt, was ihr wollt. Es gibt übrigens auch einen afrikanischen Laden bei uns.“ Jeff sah Eugenie fragend an und als diese nicht reagierte, fuhr sie fort: „Wir bereiten aus den Sachen ein warmes Buffet im Kulturzentrum zu und wer mag, kann gegen Spende bei uns essen. Mit den Einnahmen bezahlen wir dann euch. Magst du mir deine Kiste geben?“ „No“, sagte Eugenie, die nur die Hälfte verstanden hatte und auch nicht wusste, wie und wo sie einkaufen gehen sollte, wenn nicht im LKW. „I need the food myself.“ Jeff nickte. „Ich muss los. Kennst du Betty? Ich komme sie bald besuchen, ich muss dringend etwas mit ihr besprechen. Und dann besuche ich dich, okay?“ „Okay“, sagte Eugenie, „ich habe einen Wasserkocher und Kaffee gekauft.“

Nachdem der Nebel sich gelichtet hatte, kam nach und nach die alte Eugenie zum Vorschein. Zuerst wurde sie ungeduldig und das Nichtstun führte zu schlechter Laune. Die Tage schienen endlos und zogen immer gleich an ihr vorbei, wie ein Fluss ohne erkennbare Strömung. Sie versuchte, so lange und so viel wie möglich zu schlafen, um die Tage abzukürzen, doch das gelang ihr nur selten. Die mangelnde Aktivität in Verbindung mit ihrer inneren Unruhe, die sich von Tag zu Tag verstärkte, ließ sie nur kurze Tiefschlafphasen finden. Die meiste Zeit wälzte sie sich im Bett, träumte Träume, aus denen sie gerädert, traurig oder schlecht gelaunt erwachte, und deren Fäden sie im Wachzustand zwar noch erkennen, aber nicht mehr fassen konnte.

Oder sie lag stundenlang wach und grübelte.

Nach dem Aufstehen wusch sie sich an ihrem kleinen Waschbecken. Die Duschen im zweiten Stock – die einzigen, die ihr zur Verfügung standen – gingen gar nicht, und Eugenie vermisste das Gefühl sehr, in einen nassen, warmen Mantel eingehüllt zu stehen und zuzusehen, wie alle Probleme von ihr abgewaschen wurden und mit dem Wasser im Abfluss verschwanden. Wirklich funktioniert hatte das natürlich nie, aber sie war doch immer mit einem besseren Gefühl aus dem Wasser herausgetreten, wenn es ihr schlecht gegangen war, und hatte dann mit neuer Energie den Tag begonnen. Diese vergangenen Tage hatten ihr allerdings auch immer eine Aufgabe gestellt, die es zu bewältigen galt, und war diese noch so einfach und harmlos gewesen – es war eine Aufgabe und sie, Eugenie, war gefordert, sie zu erfüllen. Sie hatte einen Plan gehabt, wie die Tage und Wochen verliefen, angefüllt mit der Arbeit im Laden, dem Englischkurs zweimal die Woche, Besuche bei den Eltern, Unternehmungen mit Freundinnen und, wann immer es möglich war, Zeit mit Seraba.

Das alles schien Eugenie eine halbe Ewigkeit zurückzuliegen und schon nach wenigen Tagen hielt sie das Nichtstun nicht mehr aus. Sie fürchtete die Rückkehr des Nebels oder dass sie in einen dauerhaften Dämmerzustand verfallen könnte, wie sie ihn bei vielen Kasernenbewohnern mehr oder weniger ausgeprägt beobachtet hatte.

Betty, ihre Zimmernachbarin, war nur selten zu Hause und wenn, so kam sie meist spät abends zurück und Eugenie wagte nicht mehr, sie zu stören.

Mit Seraba kommunizierte sie per SMS, zwei davon am Tag mussten genügen. Telefongespräche zwischen Afrika und Europa waren zu teuer. Sie vermisste die geliebte Stimme sehr und hatte begonnen, einen Brief an Seraba zu schreiben. Aber der lag angefangen nun schon tagelang herum. Das Geschriebene hörte sich inhaltslos und leer an, weil Eugenie nicht schreiben mochte, was sie wirklich fühlte, wie schlimm und entnervend die äußeren Umstände waren und wie sie das Warten auf etwas, von dem sie nicht wusste, was es sein würde, frustrierte und ängstigte.

An diesem Morgen schien die Sonne zum ersten Mal, seit Eugenie in der alten Kaserne angekommen war. Es musste Samstag sein. Mittwoch war die Kiste gebracht worden, die noch fast unangetastet auf dem kleinen Tisch stand, weil Eugenie sich nicht entschließen konnte, in die verschmutzte Küche zu gehen und unbekannte Menschen zu treffen, die sie nicht verstehen konnte. Sie hatte sich von Brot und Milch ernährt und einmal kleine Teigtaschen in roter Soße kalt direkt aus der Büchse gelöffelt. Und Kaffee hatte sie gekocht, mit ihrem nagelneuen sauberen Wasserkocher, den sie sich geleistet hatte, und mit der Tasse ohne Henkel, die ihr Gott weiß wer hinterlassen hatte. Manchmal malte sich Eugenie aus, wer das wohl gewesen war. Eine Frau, ein Mann, jung oder alt, aus welchem Land und warum war sie oder er hier gestrandet? Vielleicht, so dachte sich Eugenie, sollte sie diese Geschichten einmal aufschreiben. Das wäre zumindest eine Beschäftigung.

Heute nun also schien die Sonne mit aller ihr verfügbaren Kraft und das erinnerte Eugenie an zu Hause. Das Licht war zwar anders, aber dennoch war es die gleiche

Sonne, die sie, seit sie sehen konnte, kannte und die auch für Seraba strahlte.

Eugenie lag auf dem Bett und sah durchs Fenster in den strahlend blauen europäischen Himmel. Und dann beschloss sie, dass es an der Zeit wäre, wieder zu leben. Sie stand auf, kochte Kaffee, füllte ihn in die Tasse ohne Henkel, nahm den Schreibblock, auf dem der angefangene Brief an Seraba wohl noch länger würde warten müssen, griff nach ihrem einzigen Stift und ging, nachdem sie das Zimmer sorgsam abgeschlossen hatte, hinaus auf den Exerzierplatz. Sie suchte den am wenigsten beschädigten Plastikstuhl, den sie entdecken konnte, und setzte sich in die Sonne. Ein paar Kinder waren schon unterwegs, bauten Straßen im Sand und stritten sich um den kaum mehr fahrtüchtigen Bobbycar, den sie schon auf dem Hof hatte liegen sehen. Er war grün, besaß ein Blaulicht und trug die Aufschrift „P li ei."

Eugenie stellte die Füße auf eine alte Holzkiste und begann damit, eine Liste zu machen, auf der sie vermerkte, was sie alles tun musste, tun konnte und was sie besorgen wollte.

So fand sie Jeff, die heute mit dem Fahrrad kam und unbemerkt von Eugenie auf den Hof geradelt war. Erst als Jeffs Schatten über sie fiel, sah Eugenie auf. Zunächst war sie erschrocken, aber dann lächelte sie Jeff schüchtern an. Immerhin ein bekanntes Gesicht und auch wenn sie beim letzten Mal nicht alles verstanden hatte, was Jeff ihr hatte sagen wollen, so war ihre Stimme doch freundlich gewesen und sie schien ihr wohlgesonnen zu sein. Jeff machte das Fahrrad mit einem Kabelschloss am Eisengitter fest, das hin und wieder die Mauer des Kasernenhofs unterbrach. Dann suchte sie sich den zweitbesten Plastikstuhl und setze sich zu Eugenie.

Jeff erzählte Eugenie, wie sie vor Jahren in die Stadt gekommen war, um zu studieren. Sie hatte damals gerade die Schule abgeschlossen und erst einmal versucht, sich an der Uni zurechtzufinden. Um Leute kennenzulernen, hatte sie sich einer Gruppe angeschlossen, die Flüchtlinge unterstützte, und so war sie in Kontakt mit den Leuten in der alten Kaserne gekommen, „im Lager", so sagte Jeff. Das war nun einige Jahre her. Jeff hatte ihr Studium beendet und war in der Stadt geblieben. Sie hatte bislang keine ihrem Studium entsprechende Stelle gefunden und jobbte mal hier und mal da, um sich über Wasser zu halten. Neben ihrem Job engagierte sie sich nach wie vor in der Arbeit für die Flüchtlinge. Der Tausch von Essenskisten gegen Geld, den sie regelmäßig mit ihrer Gruppe durchführte und der von offizieller Seite zwar nicht gerne gesehen, aber doch geduldet wurde, war nur ein Teil ihrer Arbeit. Viel Zeit beanspruchten die juristische Beratung der Flüchtlinge und die praktische Hilfe, sei es die Begleitung zu Ämtern und Behörden, bei Arztbesuchen oder bei anderen Dingen des täglichen Lebens, die sich für Menschen mit schlechten Deutschkenntnissen und ausländischem Aussehen nur zu oft sehr schwierig gestalteten. Sie organisierten Deutschkurse, Hausaufgabenhilfe für die Kinder und sprangen überall dort ein, wo sonst niemand helfen wollte. „Magst du mir erzählen, warum du nach Deutschland gekommen bist?", fragte Jeff dann. Und Eugenie, die schon so lange mit niemandem mehr richtig geredet hatte, die angefüllt war mit Heimweh und Sehnsucht nach ihrer Liebsten, begann zunächst stockend, dann brach es aus ihr heraus und sie erzählte Jeff die ganze Geschichte seit dem Essen bei ihren Eltern, als alles seinen Anfang genommen hatte. Sie erzählte von Seraba, von Mama Roberta, von dem Spiel, das sie zusammen gespielt hatten und das nun jede für sich allein weiterspielen musste. Sie erzählte von ihrer Ankunft in Deutschland und von dem Nebel, der sie direkt nach ihrem Eintreffen am Flughafen umgeben hatte, und dass sie nicht wirklich wusste, was in diesem Nebel geschehen war. Was sie wem erzählt hatte und was nicht. Es tat Eugenie gut, wieder einmal zu reden, zu wissen, da hörte ihr jemand zu, der wirklich wissen wollte, was sie zu erzählen hatte, und nicht nur Antworten für ein Formular brauchte. Als sie aufhörte, hatte sie einfach nichts mehr zu sagen. Eine Weile blieb es still, dann fragte Jeff: „Hast du mir nicht gesagt, du hättest einen Wasserkocher und Kaffee gekauft?“ Eugenie lächelte Jeff an und nickte. Sie gingen schweigend in Eugenies Zimmer, kochten Wasser und gossen in der Tasse ohne Henkel den Instantkaffee auf. „Ich habe nur eine Tasse“, sagte Eugenie, „aber ich habe eben Kaffee getrunken, jetzt kannst du sie haben.“ Die beiden gingen wieder zurück auf den Hof, setzten sich auf ihre Plastikstühle und hielten die Gesichter in die Sonne. Jeff trank schluckweise ihren Kaffee und erzählte Eugenie, dass auch sie in einer Beziehung mit einer Frau lebte. Eugenie, die keine anderen Frauenpaare kannte, lachte Jeff unsicher an. Sie lebten in einer Wohngemeinschaft mit zwei anderen Frauen, erzählte Jeff weiter, und eine von diesen wäre Rechtsanwältin, die auf Asylrecht spezialisiert war. Zu ihr würde sie Eugenie möglichst bald bringen, damit sie ihre Akten anfordern und sehen konnte, was Eugenie in der Zeit des Nebels erzählt hatte und wie es um ihre Sache stand. Dann würden sie weitersehen, was sich machen ließe, damit Eugenie in Deutschland bleiben durfte. Jeff verschwieg allerdings auch nicht, dass es sehr schwierig war, aufgrund von Homosexualität Asyl zu bekommen, und dass sie keine Lesbe kannte, der dies bisher gelungen war. Bis vor kurzem hatte man ein psychologisches Gutachten verlangt, das bezeugte, dass es der Antragstellerin unmöglich wäre, irgendwann einmal mit einem Mann zusammen zu sein. Eugenie nickte, das hatte Betty ihr bereits erzählt. Wie das zu beweisen sein sollte, konnte Jeff nicht sagen. Eine Beziehung mit einer anderen Frau genügte jedenfalls nicht als Beweis. Dieses Gutachten musste nun aber seit Kurzem nicht mehr vorgelegt werden. „Ein großer Fortschritt", sagte Jeff. Eugenie war sich nicht sicher, ob sie das ernst oder ironisch meinte. „Nach wie vor", so fuhr Jeff fort, „wird aber die Verfolgung aus Gründen der Homosexualität oft von den deutschen Gerichten nicht ernst genommen." Die Leute könnten ja insgeheim ihre Beziehungen leben, man würde es ihnen ja nicht von der Stirn ablesen können, dass sie lesbisch oder schwul waren. Blieben sie diskret und im Verborgenen, dann drohte ihnen keine Gefahr. Jeff redete sich in Rage. Ob sich wohl einer von denen, die das von den Flüchtlingen verlangten, je überlegt hatte, wie es wäre, selbst mit Partner oder Partnerin immer nur Versteck zu spielen? Nie Händchen zu halten in der Öffentlichkeit, geschweige denn sich zu küssen. Nie mitreden zu können, wenn die anderen von ihren Beziehungen und gemeinsamen Urlauben und Wochenenden erzählten, und immer lügen zu müssen, wenn sie gefragt wurden, ob sie keinen Partner, keine Partnerin hätten und sie oder ihn nicht zur Betriebsfeier oder zur Geburtstagsparty mitbringen wollten.

Dann musste Jeff gehen. Sie bat Eugenie, Betty, wenn sie in der Kaserne auftauchte, zu sagen, sie solle sich möglichst bald bei Jeff melden. Sie gab Eugenie ihre Handynummer, für Notfälle. „Ein Notfall ist es auch, wenn du dich einsam fühlst", sagte Jeff und versprach, in ein paar Tagen wiederzukommen und mit Eugenie dann in die Stadt zur Anwältin zu fahren, falls diese einen Termin frei hatte. Auf jeden Fall wollte sie ihr die Stadt zeigen und mit ihr die nötigsten Dinge besorgen und organisieren, die Eugenie fürs Erste brauchte.

Als Jeff gegangen war, schien es Eugenie, als wäre der Himmel blauer und die Sonne strahlender, als sie es lange Zeit gewesen waren. Sie war nicht mehr so unendlich allein in diesem fremden, kalten Deutschland. Sie hatte eine Freundin gefunden. Sie hatte innerhalb von zwei Tagen zum zweiten Mal in ihrem Leben eine andere Lesbe kennengelernt, außer Seraba, ihrer Liebsten. Sie hatte Jeffs Handynummer und war plötzlich nicht mehr ganz auf sich allein gestellt. Jeff wollte bald wiederkommen und ihr helfen, die Dinge in Angriff zu nehmen, die sich Eugenie auf ihrem Zettel notiert hatte. Und sie würde ihr dabei helfen herauszufinden, was in der Zeit des Nebels geschehen war, und wiedergutmachen, was noch zu retten war. Eugenie kochte sich noch einen Kaffee und später noch einen und verbrachte den Rest des Tages auf ihrem Plastikstuhl in der Sonne. Sie dachte an Jeff und an Betty, die beiden einzigen Menschen, die sie inzwischen kennengelernt hatte, und dann träumte sie sich zurück in den Senegal. Sie ließ sich die Sonne ins Gesicht scheinen und träumte von Seraba, von ihrem geheimen Platz am Fluss und von der afrikanischen Sonne, die aus irgendwelchen Gründen mit der deutschen nicht zu vergleichen war.

Eugenie war abwechselnd traurig und glücklich in ihren Tagträumen, in die sie sich immer wieder flüchtete, und versuchte, nicht darüber nachzudenken, was werden würde. Dass sie nicht mehr zurück konnte, wie sie mit Seraba wieder zusammenkommen sollte, wie alles werden sollte und welchen Verlauf ihr Leben nehmen würde. So viele Fragen, die zu stellen sie zurzeit nicht die Kraft hatte. Sie brauchte alle Energie, die sie nur aufbringen konnte, um im Jetzt zu bestehen und nicht unter ihrer Sehnsucht und ihrer Angst, die sie, sollte sie ihr auch nur den geringsten Raum zugestehen, einfach überrollen würde, zusammenzubrechen.

Drei Tage später kam Jeff wirklich wieder, diesmal mit dem klapprigen Bulli, den Eugenie bereits kannte, und nahm sie mit in die Stadt. Zuerst besuchten sie Jeffs Mitbewohnerin, die Anwältin, in ihrer Kanzlei. Sie ließ sich von Eugenie genau erzählen, was sie im Senegal erlebt hatte, warum sie fliehen musste, wie sie es angestellt hatte, nach Deutschland zu kommen, und was dann geschehen war. Eugenie erzählte so genau wie möglich und gab auch unumwunden zu, dass sie sich nicht erinnern konnte, was in der Zeit des Nebels geschehen war und was sie für Angaben gemacht hatte. Sie beschlossen, dass die Anwältin erst einmal ihre Akten anfordern sollte, dann würde man weitersehen. Allerdings machte sie Eugenie keine allzu großen Hoffnungen. Es gab bislang kaum erfolgreich abgeschlossene Asylverfahren, in denen Frauen in Deutschland bleiben konnten, weil sie wegen ihrer Homosexualität verfolgt wurden. Da war einmal eine Fußballspielerin aus Namibia gewesen, sie hatte Glück und konnte bleiben. Allerdings waren die Voraussetzungen auch bedeutend „besser“: Sie war Nationalspielerin gewesen, eine bekannte Persönlichkeit, und sie hatte in aller Öffentlichkeit während einer Parlamentssitzung verkündet, sie sei homosexuell. Das konnte niemand einfach unter den Tisch kehren. Die nigerianischen Zeitungen hatten berichtet und so durfte sie bleiben. Andere erfolgreiche Beispiele hatten weder die Anwältin noch Jeff gefunden.

Eugenie wollte sich nicht runterziehen lassen. Solange es noch einen Hoffnungsschimmer gab, würde sie hoffen. Sie würden, so hatte ihr die Anwältin erklärt, das Verfahren abwarten müssen. Mit 90-prozentiger Sicherheit würde Eugenie abgelehnt werden. Dagegen könnten sie dann aber Beschwerde einlegen und diese müsse Hand und Fuß haben. Dazu bräuchte sie Material. Über Homosexualität im Senegal würde sie zunächst einmal ausgiebig recherchieren, versprach die Anwältin, und dann würde sie Eugenie noch einmal sehr genaue Fragen stellen müssen. Sie solle sich doch schon einmal genau überlegen, was sie zu berichten hatte, und alles aufschreiben, was sie für wichtig hielt. Und was ihr unwichtig schien, ebenfalls. Gemeinsam würden sie dann eine ausführliche, umfassende Beschwerde erarbeiten. So leid es ihr täte, Eugenie müsste sich darauf einstellen, sehr intime Dinge preiszugeben. Aber dann, und nur dann hätten sie eine gewisse Chance auf Erfolg. Eugenie nickte und versprach, sich Gedanken zu machen und alles auf ihrem Schreibblock festzuhalten.

Dann ging Jeff mit ihr in die Stadtbibliothek, in der es einige Regale mit englischsprachigen Büchern gab, und ließ einen Ausweis für Eugenie ausstellen. Das dauere ein paar Tage und sie müsse 20 Euro hinterlegen, sagte der Mann, der ihren Antrag bearbeitete, aber dann könne sie kommen und Bücher ausleihen. Jeff hinterlegte das Geld, sagte, sie würden in einer Woche vorbeikommen und den Ausweis abholen, und schon standen sie wieder draußen auf der Straße. „Was machen wir jetzt?", fragte Jeff. Eugenie zuckte mit den Schultern. So viele Eindrücke, die auf sie einstürzten, da sie zum ersten Mal in dieser fremden Stadt war und die Erklärungen der Anwältin, die sie nur teilweise verstanden hatte, hatten sie erschöpft. Sie fühlte sich fremd und verloren, trotz Jeff, ohne die sie sich überhaupt nicht in die Stadt gewagt hätte und der sie sehr dankbar war, dass sie mit ihr die ersten Schritte machte. Denn Eugenie war klar, dass sie aktiv werden, etwas unternehmen, Deutsch lernen musste. Und vieles mehr, wenn sie bestehen wollte in der fremden Welt und vor allem in der Unsicherheit, die sie umgab und die mit der Zeit nicht weniger, sondern mehr werden würde. Je besser sie sich in ihrer kleinen Welt, die ihr zurzeit zur Verfügung stand, zurechtfand, desto verlorener und verirrter fühlte sie sich in der großen Welt. All die Fragen, die sie lange verdrängt hatte, stürmten nun immer dringender auf sie ein: Wie würde es weitergehen? Würde sie bleiben dürfen? Was, wenn nicht? Würde sie Seraba wiedersehen und wie und wann? Würde Seraba eines Tages mit ihr hier leben oder würde sie ihr Land nicht verlassen wollen oder können für die Liebe? Und wenn sie käme, wie würde es ihr hier ergehen? Könnte sie hier überhaupt leben? Und vor allem: Würde man sie lassen?

„Hallo?" Jeff wedelte mit der Hand vor ihrem Gesicht herum. „Bist du noch da? Komm zurück, Eugenie, ich bin's, Jeff." Jeff lachte, als Eugenie einen kleinen Satz in die Luft machte. „Sorry", sagte sie nur und lächelte Jeff unsicher an. „Komm, ich lade dich auf ein Eis ein." Jeff zog Eugenie hinter sich her über die Straße. „Und dann habe ich noch eine Überraschung für dich."

Die Überraschung war wirklich eine Überraschung und Eugenie konnte ihr Glück kaum fassen. Sie waren in ein Wohngebiet am Stadtrand gefahren, mal links, mal rechts, dann wieder links abgebogen – Eugenie war völlig verwirrt und fragte sich, wie Jeff sich diesen Weg hatte merken können – und hatten dann vor einem alten kleinen Häuschen in einem ebenso kleinen Garten angehalten. Jeff drückte auf den Klingelknopf und eine ältere, passend zu Haus und Garten kleine Frau öffnete. „Oh, da seid ihr ja", strahlte sie. „Mein Sohn ist weggezogen, er studiert jetzt und kommt nur noch selten und er hat sich ein Motorrad gekauft … Ach, ich habe ganz vergessen mich vorzustellen. Ich bin die Frau Meyer", sprudelte es nur so aus der kleinen Bewohnerin des kleinen Hauses im kleinen Garten hervor. Eugenie verstand zwar kein Wort, aber Frau Meyer war ihr sofort sympathisch. Am liebsten hätte sie sie in den Arm genommen, nein, sich von ihr in den

Arm nehmen lassen. Sie hätte sich in Sicherheit gefühlt, beschützt vor der Welt, dem Draußen. Eugenie schüttelte sich, um wieder in die Realität zurückzukehren. Ihr war heute seltsam zumute, sie wusste selbst nicht, was mit ihr los war. Da sie sowieso nichts verstand, war es auch kein Problem, dass sie nun die letzten Sätze verpasst hatte. Sie standen inzwischen vor dem kleinen Schuppen, der zwischen Haus und Gartenzaun gerade noch Platz gefunden hatte, und Frau Meyer öffnete die Tür. „Hier ist es." Vor Eugenie stand ein blaues Fahrrad, nicht das neueste Modell und wohl auch schon lange nicht mehr bewegt. Eugenie sah Jeff fragend an. Sie wagte es nicht, den Gedanken zu denken, der sich ihr aufdrängte. Das konnte ja nicht sein, dass ihr da eine unbekannte Frau einfach ein Fahrrad schenken wollte. Aber es war so. Jeff übersetzte ihr das Wichtigste von dem, was Frau Meyer so begeistert herausgesprudelt hatte. Ihr Sohn, dem das Fahrrad gehörte, war weggezogen in eine andere Stadt, um zu studieren. Er kam zwar ab und zu, aber nur selten, viel zu selten, wie Frau Meyer meinte, zu Besuch und er hatte sich ein Motorrad gekauft und seiner Mutter gesagt, er wolle das Fahrrad nicht mehr haben. Erst hatte Frau Meyer es zum Sperrmüll geben wollen, aber dann im Gemeindeblättchen eine Anzeige von Jeffs Gruppe gelesen, dass alte Fahrräder für Flüchtlinge gesucht würden, und sofort angerufen.

Jetzt hielt es Eugenie nicht mehr. Ein Fahrrad, das war fast noch besser als ein Zimmerschlüssel und beides zusammen machte sie frei und unabhängig. Nur kurz zog ein düsterer Gedanke an Eugenie vorbei: *Da hätte ich früher aber ein paar Ansprüche mehr gehabt. Ich bin ganz schön bescheiden geworden.* Schon war er wieder weg und Eugenie riss die kleine Frau Meyer von den Beinen und in ihre Arme. Sie wirbelte mit ihr über den Hof, bis Frau Meyer kreischte, weil ihr schon ganz schwindlig war. Da ließ Eugenie sie vorsichtig los, strahlte sie an und sagte nur „Thank you, Frau Meyer."

Sie luden das Fahrrad in den Bulli, verabschiedeten sich von Frau Meyer und stiegen ein. Als Eugenie ihr zum Abschied noch einmal zuwinkte, rief Frau Meyer: „Komm mich doch bald mal besuchen, Eugenie."

Der Weg zurück schien Eugenie schon nicht mehr so verwirrend. Jeff hielt am nächsten Baumarkt an. Sie kauften alles, was Eugenie brauchte, um das Fahrrad wieder aufzumöbeln, und dazu ein kräftiges Kabelschloss. Dann fuhren sie zurück zur Kaserne.

Die nächsten Tage verbrachte Eugenie damit, ihr Fahrrad zu putzen und zu überholen. Am liebsten hätte sie es die Nacht über mit in ihr Zimmer genommen, damit es auch ja sicher war. Mit Entsetzen dachte sie immer noch an den Moment, als sie zu Hause vor ihrem Fahrrad mit den durchstochenen Reifen gestanden hatte. Aber dazu war das Zimmer nicht groß genug und so schloss Eugenie das Rad an eine Eisenstange des sich nicht mehr in Gebrauch befindlichen Tors der Kaserne an, das sie von ihrem Fenster aus sehen konnte. Sie musste dazu zwar aufs Bett steigen, aber immerhin. Das gab ihr ein gutes Gefühl. Und außerdem: Zuletzt war ihr Fahrrad aus Hass zerstört worden. Hier kannte sie niemand, wer sollte also etwas gegen sie haben?

Dann war das Fahrrad so gut wie neu. Es gab nichts mehr zu schrauben, zu ölen, zu putzen und Eugenie merkte, wie sie in ein Loch zu fallen drohte. Die Arbeit am Fahrrad hatte ihren Tagen Sinn und Struktur gegeben und nun gab es wieder nur Warten und Grübeln. Sie musste sich dringend etwas Neues ausdenken, sonst würde sie irgendwann in Depressionen verfallen.

Da fiel ihr die Einladung von Frau Meyer ein. „Komm mich doch bald mal besuchen, Eugenie!" Das wollte sie jetzt machen. Schließlich hatte Frau Meyer gewissermaßen einen Anspruch darauf, zu sehen, was aus dem Fahrrad ihres Sohnes geworden war. Eugenie wischte noch einmal über ein paar schon häufig polierte Stellen ihres Gefährts, dann stieg sie auf und fuhr los. Da sie einen ganz guten Orientierungssinn besaß, gelang es ihr mit einigen Umwegen, das kleine Häuschen, in dem sie vor einigen Tagen mit Jeff gewesen war, wiederzufinden. Frau Meyer stand gerade im Vorgarten und schnitt mit einer Gartenschere die verwelkten Blütenknospen der Sträucher ab, die den Garten wie eine kleine Hecke umgaben. Eugenie betätigte die Fahrradklingel und sprang vom Fahrrad. Sie war sonst immer etwas ängstlich und schüchtern, wenn sie neue Leute kennenlernte, aber die kleine Frau Meyer hatte sie schon gleich zu Beginn gern gehabt und es fühlte sich an, als würde sie sie schon lange kennen. Eugenie wunderte sich und war zugleich sehr glücklich darüber, dass es möglich war, in einem so weit von zu Hause entfernten Land jemanden zu treffen, der ihr gleich so nahe war. So nahe, dass Eugenie nicht einmal auffiel, dass sie eine weiße Hautfarbe hatte. Für Eugenie war das zwar eigentlich nie ein Problem gewesen, aber sie hatte doch bemerkt, dass sie, seit sie in Deutschland war, beim ersten Blick die Menschen in schwarz und weiß einteilte und erst beim zweiten in sympathisch und unsympathisch. Bei Frau Meyer war das anders. Frau Meyer war auf den ersten Blick einfach Frau Meyer gewesen und hatte sich dann als äußerst sympathisch und herzlich herausgestellt.

Eugenie schob das Fahrrad durch die Gartentür und rief: „Hello Frau Meyer, look at your bicycle!" Es war nicht zu übersehen, dass die Frau mit der Gartenschere sich über ihren Besuch freute. Sie bewunderte ausgiebig das Fahrrad, dann nahm sie Eugenie in die Arme und radebrechte auf Englisch, so gut es ihr gelang, aber Eugenie verstand immerhin, dass sie und ihre Arbeit gelobt wurden. Es dauerte ein wenig, bis Frau Meyer sich warm geredet hatte. Dann funktionierte das eingerostete Englisch wieder ganz gut und die beiden saßen lange mit einer Tasse Kaffee und dann noch einer und noch einer auf der gemütlichen Terrasse hinter dem Haus und erzählten sich ihre Geschichten. Frau Meyer fragte Eugenie nicht aus, wollte nicht wissen, wo sie herkam, warum sie hier war, wie ihre Familie war und ihr Land. Sie war nicht so, wie Eugenie das bisher von den wenigen Deutschen, denen sie begegnet war, kannte. Frau Meyer erzählte erst einmal von sich und überließ es Eugenie, ob und was sie im Anschluss erzählen wollte.

Frau Meyer war im Grunde genommen ebenfalls geflohen, auch wenn sie es nicht so ausdrückte. Sie hatte jung geheiratet, war, wie sich erst nach der Hochzeit herausstellte, an einen Mann geraten, der mit Problemen nicht anders umgehen konnte, als sie mit Gewalt an seiner Frau abzureagieren. Frau Meyer war jung und bald schon schwanger und ließ sich dieses Leben deshalb länger gefallen, als sie es heute verstehen konnte. Als ihr Sohn drei Jahre alt war, war sie endgültig erwachsen geworden und verließ ihren Mann, als der wieder einmal zuschlug, weil ihm die Arbeitsstelle gekündigt worden war. Zusammen mit ihrem Sohn und dem Allernötigsten, das sie überstürzt in eine Reisetasche packte, machte sie sich davon. Sie hatte damals in einer anderen Stadt gewohnt und zog noch in der gleichen Stunde ins dortige Frauenhaus. Frau Meyer hatte ja schon länger über ihre Situation nachgedacht und nach Lösungen gesucht, und so wusste sie genau, was zu tun war.

Mit Justus, ihrem kleinen Sohn, wohnte sie für ein paar Monate im Frauenhaus. Ihr Mann bekam bald heraus, wo sie steckten, und wollte, dass sie zu ihm zurückkamen. Mal auf die liebe, mal auf die bemitleidenswürdige und mal auf die aggressive Tour forderte er seine Frau auf, mit dem Sohn zurück in seine Wohnung zu ziehen. Später forderte er nur noch den Sohn, aber Frau Meyer hatte genügend Zeuginnen aus dem Haus, in dem sie gewohnt hatte. Diese hatten über Jahre ihre Schreie gehört und die blauen Flecke gesehen und sie hatte das Glück, dass ihre Nachbarinnen nicht weggesehen hatten aus Angst oder Desinteresse, sondern bereit waren, sich einzumischen. Sie hatten sie schon während der Zeit, als sie noch mit ihrem Mann zusammengelebt hatte, unterstützt und ihr immer gut zugeredet, sich von ihm zu trennen.

Mithilfe der Frauen im Frauenhaus leitete Frau Meyer bald die Scheidung ein, bekam das alleinige Sorgerecht für ihren Sohn und zog weit weg von der Stadt, in der ihr Ex wohnte, da sie immer noch seine Nachstellungen befürchten musste. Bei einer Tante, der dieses Häuschen, auf dessen Terrasse Eugenie und sie nun gemütlich saßen, gehört hatte, war sie untergekommen. Sie half ihr im Haus und im Garten und bezahlte auch ein wenig Miete, nachdem sie bald eine Stelle gefunden hatte. Während sie arbeitete, sorgte die Tante für Justus, was ihr Spaß machte und auch Justus gut tat. Er hatte nie eine Oma, einen Opa oder Tanten und Onkel kennengelernt, da die Großeltern nicht mehr lebten und Frau Meyers Ex keine Kontakte zur restlichen Familie zugelassen hatte. Justus verstand sich gut mit seiner Großtante und bald fand er auch Freunde in der Nachbarschaft. Er ging in den Kindergarten und später zur Schule und die beiden richteten sich im oberen Stock des Häuschens eine schöne Wohnung ein und fühlten sich wohl. Dann, viele Jahre später, war die Tante gestorben und Justus bald darauf zum Studium in eine andere Stadt gezogen. Frau Meyer bewohnte nun allein das kleine Häuschen, das ihr jetzt, obwohl es klein war, viel zu groß und sehr leer vorkam.

Frau Meyer hatte langsam und deshalb sehr lange erzählt und Eugenie hatte fast alles verstanden. Nach einer längeren Pause erzählte sie dann ihre eigene Geschichte und als es zu dämmern begann, hatte Frau Meyer eine Idee: „Eugenie, du könntest doch zweimal die Woche zu mir kommen und wir lernen dann zusammen Deutsch. Das wäre doch für uns beide was: Ich bekomme Besuch und du lernst die Sprache, die du dringend brauchst, wenn du hier lebst." Eugenie strahlte Frau Meyer an. „Das ist eine gute Idee. Ich komme sehr gerne, um mit Ihnen zu lernen." Nach einer kleinen Pause fügte sie leise hinzu: „Ich komme überhaupt gerne zu Ihnen."

Es dämmerte, als Eugenie in der Kaserne ankam. Sie schloss das Fahrrad ans Gitter und ging in ihr Zimmer. Frau Meyer hatte noch ein paar belegte Brote gemacht, die sie zusammen gegessen hatten, und Eugenie lag nun satt und so zufrieden wie schon lange nicht mehr auf dem Bett und sah durchs Fenster in den Himmel, wo schon ein schmaler Mond durch die Wolken blitzte, obwohl es noch nicht ganz dunkel war. Heute war ein schöner Tag gewesen und schöne Tage und vor allem Menschen wie Frau Meyer machten ihr Mut und Hoffnung, dass vielleicht doch wieder alles gut werden würde in ihrem Leben. *Seraba*, dachte sie voll Sehnsucht. *Was machst du jetzt gerade? Wo bist du? Was denkst du? Wann werden wir uns wiedersehen?* Die Möglichkeit, sich mit Seraba auszutauschen, fehlte ihr genauso sehr, wie sie ihre Stimme und ihre Berührungen vermisste. Jeff hatte zwar inzwischen eine deutsche Handykarte besorgt, das machte ein Telefonat in den Senegal aber immer noch nicht erschwinglich für sie. Sie musste schnell Deutsch lernen, einen Job finden, irgendwas. Dann konnte sie sich ein Notebook kaufen und, wann immer sie wollte, mit Seraba in Kontakt treten. Aber das würde alles noch dauern, holte sie die Realität ein. Sie musste in der Stadt eine Möglichkeit finden, wie sie ins Internet kommen könnte. Da fiel ihr ein, dass sie auch noch immer nicht nach den Adressen gesucht hatte, die sie sich aufgeschrieben hatte. Sie nahm den Block, der auf dem Stuhl neben ihrem Bett lag, und schrieb: „Internetcafé finden. Jeff fragen."

KAPITEL 6

In der Zwischenzeit war Serabas Alltag mehr schlecht als recht weitergegangen. Sie litt sehr unter Eugenies Abwesenheit und unter der Ungewissheit, wie alles weitergehen würde. Sie konnte nicht verbergen, dass es ihr schlecht ging, wagte aber auch nicht, darüber zu reden, was geschehen war. Ihr Vater wollte sie zu einer Konferenz nach Europa schicken und sie musste ihm gestehen, dass sie ihren Pass nirgendwo finden konnte. Einen neuen zu beantragen würde zu lange dauern und so fuhr jemand anderes aus der Firma. Serabas Vater hatte schon lange beobachtet, dass sie unkonzentriert arbeitete und immer wieder Fehler machte. Auch Kunden hatten sich bereits bei ihm beklagt, weil Seraba Termine vergessen hatte oder unvorbereitet in ein Gespräch gegangen war. Er hatte es sich lange angesehen, sich erst Gedanken und dann Sorgen gemacht. Er hatte versucht, mit Seraba zu sprechen und in Erfahrung zu bringen, was seine Tochter bedrückte. Da dies alles erfolglos gewesen war, brachte die Geschichte mit dem Pass nun das Fass zum Überlaufen und Serabas Vater und Chef explodierte.

„Sieh zu, dass du einen neuen Pass bekommst und dass du wieder richtig arbeitest, so wie früher“, knurrte er sie an. Ein anderer hätte losgebrüllt, aber Serabas Vater fand Brüllen unzivilisiert und verstand es, sein Missfallen anders, aber nicht weniger eindrücklich zu zeigen. „Wenn mir weiter Klagen kommen und du mir nicht sagen kannst, was dein Problem ist, dann wirst du entweder den Betrieb verlassen oder ich schicke dich ins Ausland zu einem Kollegen. Da kannst du dann Kaffee kochen und das Büro putzen, bis du wieder weißt, wie du deine Aufgaben richtig zu erfüllen hast. Mädchen, du sollst den Laden einmal übernehmen. Nimm dich zusammen!" Seraba kannte ihren Vater gut genug, um zu wissen, wie es in ihm brodelte und wie enttäuscht er von seiner Tochter war. Sie war sein einziges Kind, seine Nachfolgerin, und bisher war alles gut gewesen zwischen ihnen. Die Vater-Tochter-Beziehung war in Ordnung und genauso problemlos hatte es auf der Chef-Angestellten-Ebene funktioniert. Sie wusste, er war enttäuscht von ihr, und zwar weniger, weil sie eine schlechte Phase hatte, was die Arbeit betraf. So etwas kam vor, damit hatte ein Chef Erfahrung. In erster Linie war er enttäuscht über den Mangel an Vertrauen, den er spürte, da Seraba ihm nicht erklären konnte oder wollte, was sie quälte und was ihre Unkonzentriertheit verursachte. Seraba litt selbst darunter. Sie liebte ihren Vater sehr. Sie kannte aber auch seine Haltung zur Homosexualität und wusste, dass, würde ihm nur das Geringste von ihrer Liebe zu Eugenie – zu einer Frau – zu Ohren kommen, alles zu Ende war. Ihre Arbeit im Betrieb mit Aussicht auf eine Zukunft als Chefin wäre sofort beendet. Doch das beunruhigte Seraba nicht so sehr. Irgendwie würde es schon weitergehen. Aber seine Liebe zu ihr würde daran zerbrechen. Er würde sie auch von ihrer Mutter fernhalten und – da war sie sich nicht ganz sicher, es erschien ihr aber sehr wahrscheinlich – er würde sie den Behörden ausliefern. Denn „Recht muss Recht bleiben und wer sich nicht an die Gesetze hält, muss bestraft werden." Das war seit eh und je sein Maßstab für sich selbst, seinen Betrieb und seine Familie.

Seraba wusste nicht, was tun. Sie wagte es noch nicht, ihren Pass als verloren zu melden und einen neuen zu beantragen. Was, wenn sie Eugenie damit in den Rücken fiel? Wer wusste schon, was den Behörden bekannt war und was nicht? Irgendetwas in den Worten ihres Vaters hatte Seraba jedoch aufhorchen lassen. Aber was war das gewesen? „Wenn mir weiter Klagen kommen und du mir nicht sagen kannst, was dein Problem ist, dann wirst du entweder den Betrieb verlassen oder ich schicke dich ins Ausland zu einem Kollegen. Da kannst du dann Kaffee kochen und das Büro putzen." Stopp. Das, genau das, hatte sie, insgeheim und ohne es in Gedanken zu fassen, aufhorchen lassen: *Ausland.* Sie ins Ausland schicken, das konnte doch nur bedeuten, nach Europa. Denn sonst hatten sie nirgendwohin wirklich gute Geschäftsbeziehungen. *Europa!* Europa hieß Eugenie sehen können und das war das Einzige, was sie wirklich wollte, und das Einzige, das sie aus ihrer Lethargie reißen konnte. Aber auch für diese als Strafmaßnahme gedachte Aktion ihres Vaters, falls er es denn ernst gemeint und nicht nur im Zorn so dahergeredet hatte, brauchte sie einen gültigen Pass. Und den hatte sie nicht, würde auch so schnell nicht wagen, sich einen zu besorgen. *Jedenfalls nicht auf dem legalen Weg,* zuckte ein kleiner Gedanke durch die hinterste Ecke ihres Gehirns. Das Telefon klingelte und Seraba musste zurück in den Alltag. Aber ein Gedanke war geboren worden. Sie hatte noch keine Ahnung, ob und wie sie damit etwas anfangen konnte, ob und wie sie daraus eine Idee, einen Plan, ein Projekt entwickeln und dieses in die Tat umsetzen konnte. Aber der Gedanke war dagewesen und hatte ein kleines Licht in ihr entzündet, an dem sie sich in Zukunft orientieren würde. Es gab einen Weg. „Es gibt immer einen Weg, man muss ihn nur finden und gangbar machen." Auch das war ein Spruch ihres Vaters, mit dem sie aufgewachsen war. Der in ihrem Inneren irgendwo gespeichert, mittlerweile aber in Vergessenheit geraten war.

Jetzt aber war er plötzlich auferstanden und Seraba würde ihn sich zu eigen machen. Sie würde den Weg finden und ihn gehen. Wie und wann, blieb offen, aber sie würde, da war sie sich sicher.

Eugenie wurde die Zeit lang. Die Tage schleppten sich dahin und die Nächte wollten nicht enden. Sie stellte sich kleine Aufgaben, die zu erledigen waren, und zweimal pro Woche besuchte sie nachmittags Frau Meyer. Sie sprachen zwei Stunden lang nur Deutsch und tranken Kaffee und manchmal gab es dazu selbstgebackenen Kuchen. Es waren lustige Gespräche, begleitet von gymnastischen Übungen mit Armen und Beinen und viel Gelächter. Im Anschluss durfte dann Englisch gesprochen werden, was beiden auch nicht ganz leichtfiel, womit sie aber die Unklarheiten, die sie im Deutschen nicht hatten klären können, auflösen konnten.

Manchmal fuhr Eugenie mit dem Fahrrad einfach spazieren. Sie hatte sich angewöhnt, sich mit wilden Fahrradtouren durch Wald und Wiesen auf andere Gedanken zu bringen, wenn das Rad im Kopf sich wieder einmal zu rasant drehte. Und sie hatte sich von Jeff sagen lassen, wo sie am besten ins Internet gehen konnte. Es gab zwar ein Internetcafé, aber in der Stadtbibliothek war es am billigsten. Man konnte die Plätze allerdings nicht ewig blockieren und tagsüber war Seraba meist nicht zu erreichen, da sie im Büro saß, wo sich aus naheliegenden Gründen der Kontakt mit Eugenie verbot. Abends waren sowohl die Bücherei als auch das einzige Internetcafé im Ort geschlossen, und so hatte Eugenie weiterhin kaum andere Möglichkeiten, mit Seraba in Kontakt zu treten, als ihre täglichen zwei SMS. Bei Frau Meyer hatte sie einen Computer stehen sehen, aber sie wagte es nicht, sie zu fragen, ob sie einmal abends kommen und mit Seraba schreiben dürfe.

Manchmal, wenn die Sonne schien, saß sie im Hof der Kaserne und baute Luftschlösser. Sie malte sich aus, wie alles werden würde, wenn sie erst einmal ihren Aufenthalt gesichert und eine gute Arbeit gefunden hätte. Wie Seraba nachkäme und wie sie beide dann ein glückliches Leben führen würden. Aber Luftschlösser lösen sich nur zu schnell wieder auf und dann fand sie sich im tristen Hof einer alten Kaserne sitzend wieder. Mit keinerlei Perspektive und ziemlich hoffnungslos, was ihre Zukunft mit Seraba, was ihre Zukunft überhaupt betraf.

Die Nächte waren noch schlimmer. Eugenie konnte meist lange nicht einschlafen, weil sich, sobald es dunkel wurde, die unterschiedlichsten Gefühle zu einer wunderlichen Mischung in ihr zusammenfanden. Da war das Heimweh nach ihrem Land, nach ihrer Stadt mit mehr schwarzen als weißen Menschen, ihrer Sprache, in der sie sich problemlos auszudrücken wusste, der Landschaft mit ihrem besonderen Licht, dem warmen Wind und den speziellen Gerüchen, die sie seit ihrer Kindheit gewöhnt war. Heimweh auch nach ihrer ehemals intakten Familie, in der sie sich lange behütet und sicher gefühlt hatte. Heimweh sogar nach dem Laden an der Ecke und den Kundinnen, die sie alle gern gehabt hatten, weil Eugenie für alle ein freundliches Wort fand. Und dann war da die Sehnsucht nach Seraba, die so stark war, dass sie ihre Seele und ihren Körper leiden ließ und sie manchmal an den Rand des Wahnsinns trieb, sodass sie sich ausmalte, wie sie ohne Rücksicht auf die Folgen so schnell wie möglich zurück in den Senegal kommen konnte. Und schließlich überrollten sie in unregelmäßigen Abständen Wellen der Angst vor dem, was sie erwartete, wenn sie abgeschoben würde. Wenn sie nicht bleiben durfte in diesem Land, das Flüchtlinge nur ungern aufnahm, sie als Belastung sah und nur bestimmte und wenige Gründe schlimm genug fand, dass Menschen ein Anrecht darauf hatten, davor wegzulaufen und nach Sicherheit zu suchen. Angst, eingesperrt zu sein, im Gefängnis Dinge zu erleben, die sie sich lieber gar nicht näher vorstellen wollte. Angst, für immer von Seraba getrennt zu sein oder sie in einer Nachbarzelle zu wissen, weil sie, Eugenie, sie verraten hatte. Sie sah Bilder von Männern in Uniform, die auf sie zukamen und vor denen sie nicht weglaufen konnte, weil sie wie versteinert war. Manchmal schlief sie mit diesem Bild ein und wälzte sich ein paar Stunden auf ihrer Matratze, um dann irgendwann völlig zerschlagen und mit noch größerer Angst wieder aufzuwachen. Oft war ihre Furcht so groß, dass es sie würgte und sie kurz davor war, sich übergeben zu müssen. Dann machte sie sich ganz klein, saß auf dem Bett in die Ecke des Zimmers gedrückt, die Arme um die angezogenen Beine geschlungen, und wartete darauf, dass die Glaskugel, in der sich ihr Leben befand, zerbarst.

Einmal hatte Betty, die nur noch selten in der Kaserne auftauchte, sie zu einer Versammlung der schwarzen Community mitgenommen, in der sie viel Zeit verbrachte. Sie hatte Eugenie gewarnt, sie solle nicht zu viel von sich preisgeben. Die Leute wären zwar alle sehr nett und hilfsbereit, aber die meisten hätten etwas gegen Homosexuelle. Sie waren meist aus politischen Gründen aus unterschiedlichen afrikanischen Ländern geflohen. Entweder sie gehörten der falschen Partei an oder der Krieg hatte sie erreicht und sie mussten sich und ihre Familien in Sicherheit bringen. Manche standen auch einfach kurz vor dem Hungertod, konnten ihre Kinder nicht mehr ernähren und suchten deshalb den einzig möglichen Ausweg in der Flucht. Aber egal wie politisch fortschrittlich manche von ihnen dachten, in Bezug auf Sexualität waren fast alle konservativ und nicht bereit, Lesben und Schwule auch nur zu tolerieren, geschweige denn als gleichwertige Menschen zu akzeptieren. Eugenie hatte gezögert, war dann aber doch mitgegangen. Sie hatte sich äußerst unwohl gefühlt, da sie nach dem Grund ihrer Flucht und nach ihrer Familie gefragt wurde und dazu keine schlüssige Aussage machen konnte, aber auch nicht lügen wollte. Nach diesem einen Versuch war sie nie mehr mitgegangen und hatte auch Betty kaum noch getroffen. Bis auf das eine letzte Mal, als Betty wild an Eugenies verschlossene Tür trommelte, um Eugenie, nachdem sie geöffnet hatte, glückstrahlend in die Arme zu fallen. „Eugenie, ich habe es geschafft, ich bleibe", lachte sie und strich zärtlich über ihren Bauch, der sich schon zu runden begann. „Wie hast du das gemacht?", fragte Eugenie ungläubig und in der Hoffnung auf einen Tipp, der auch sie retten konnte. „Ich habe ein deutsches Kind. Ich bin die Mutter eines deutschen Kindes. Und deshalb können sie mich nicht mehr abschieben", sprudelte Betty hervor. Eugenie verstand gar nichts, aber nachdem Betty sich beruhigt hatte, löste sie das Rätsel und erklärte Eugenie, was geschehen war. Der Mann, den sie in der schwarzen Community getroffen hatte, mit dem sie sich in ihrer Verzweiflung und Angst nach dem Unfalltod ihrer Partnerin in Afrika getröstet hatte und von dem sie nun ein Kind erwartete, war vor Jahren als Flüchtling aus Ghana nach Deutschland gekommen. Er hatte politische Gründe als Fluchtgrund angegeben und genügend Beweismaterial dafür mitgebracht, dass er als Feind der Regierung von Gefängnis und Verfolgung bedroht war, und so durfte er bleiben. Nach ein paar Jahren erhielt er sogar die deutsche Staatsbürgerschaft und war nun ein Deutscher mit allen Möglichkeiten und Rechten, wie sie die Bürger dieses Landes besaßen. Und das Kind eines Deutschen war ebenfalls deutsch. Man konnte es nicht einfach aus dem Land werfen. Und da ein Kind seine Mutter brauchte, durfte auch Betty bleiben. Nicht weil sie zu Hause in Gefahr gewesen war und es auch heute immer noch wäre, sondern weil sie ein deutsches Kind in ihrem Bauch trug. Ein deutsches Kind, das zwar noch nicht auf der Welt war, aber dennoch mehr Rechte besaß als eine Frau, die fliehen musste, weil sie eine Beziehung mit einer anderen Frau gehabt hatte. Der die gleichen Gefahren drohten wie dem Vater des Kindes, die in ihrem Fall aber keinen anerkannten Grund für den Aufenthalt in Deutschland darstellten. Eugenie verstand, was Betty erklärte, auch wenn die Logik dahinter ihr nicht einleuchtete. Diese verdrehten Gedankengänge hinterließen im besten Fall Knoten in einem normal funktionierenden Gehirn.

Eugenie freute sich für Betty, die schon bald zum Vater ihres Kindes ziehen wollte. Die Hoffnung auf einen Tipp für ihr eigenes Verfahren hatte sich allerdings nicht erfüllt.

Inzwischen verkaufte Eugenie ihre Essenskiste wie die meisten anderen Bewohner der Kaserne an die Gruppe, zu der Jeff gehörte, und kaufte sich mit dem Geld in der Stadt das, was sie wirklich brauchte. Nur hin und wieder behielt sie Grundnahrungsmittel wie Öl oder Mehl und bekam dann ein bisschen weniger Geld für ihre Kiste. Sie versuchte, möglichst wenig auszugeben, denn das Geld reichte vorne und hinten nicht. Sie bekam 40 Euro im Monat, davon sollte sie alles bezahlen, was sie brauchte und was nicht in der wöchentlichen Lieferung enthalten war. Angefangen bei Hygieneartikeln, über den notwendigen Kochtopf, bis hin zu Rechtsanwaltskosten und den Gebühren für die Stadtbücherei. Sie rauchte nicht und hatte ein Fahrrad, was die Busfahrkarte einsparte, aber Hoffnungen auf ein Laptop brauchte sie sich nicht zu machen, das war ihr schnell klar geworden. Sie hatte Jeff gefragt, ob es eine Möglichkeit gäbe, irgendwo Geld zu verdienen, aber die hatte auch nicht weiter gewusst. Offiziell durften Flüchtlinge im ersten Jahr ihres Asylverfahrens nicht arbeiten und unter der Hand gab es lediglich hin und wieder eine Putzstelle oder jemanden, der seinen Rasen mähen oder den Zaun reparieren ließ. Aber diese Jobs waren begehrt und gingen immer sehr schnell an jene, die schon länger in Deutschland waren als Eugenie.

Dann, an einem Mittwoch, kam wieder einmal Jeff mit dem blauen Bulli, um Kisten zu tauschen, und nachdem alle ihr Geld bekommen hatten, kam sie zu Eugenie ins Zimmer. „Eugenie, dein Asylantrag wurde abgelehnt. Die haben gar nicht deine Fluchtgründe beurteilt, es reichte schon für die Ablehnung, dass du einen falschen Pass hattest. Du musst mich nächste Woche zur Anwältin begleiten, damit wir eine gute Beschwerde gegen die Ablehnung machen können." Die Anwältin hatte Eugenie zwar gleich gesagt, dass es so kommen würde, trotzdem war sie nun enttäuscht und frustriert, als sie von der Ablehnung hörte. Sie hatte gegen jede Vernunft gehofft, bald schon aus der Kaserne ausziehen, arbeiten und an einem Plan tüfteln zu können, wie sie Seraba nachholen konnte. Und jetzt musste sie weiter warten. Weiter gegen das Rad in ihrem Kopf, Langeweile, Sehnsucht und Angst ankämpfen, weiter in ihrem kleinen Zimmerchen in einer heruntergekommenen alten Kaserne hausen, Essenskisten verkaufen und sich mit dem Allernotwendigsten zufrieden geben. Was war nur aus ihren Plänen, was war aus ihrem Leben geworden? Warum durfte sie nicht lieben, wen sie wollte, und leben, wo sie wollte? Warum durften Regeln aufgestellt werden, die ihr das Leben schwer machten, und anderen standen alle Möglichkeiten offen? In dieser Nacht schlief Eugenie nicht einmal eine halbe Stunde. Sie weinte, solange sie Tränen hatte, in ihr Kopfkissen und starrte mit tränengetrübten und später brennenden, aber trockenen Augen stundenlang zum Himmel hinauf, der heute weder Mond noch Sterne zeigen wollte – von Wolken verhangen wie Eugenies Zukunft, so kam es ihr vor.

In der nächsten Woche war Eugenie mit Jeff bei der Anwältin. Die machte ihr zwar wieder keine große Hoffnung auf endgültigen Erfolg, aber aufgeben wollte sie auf keinen Fall. „Eine kleine Chance besteht immer", so sagte sie, und im schlimmsten Fall würden sie durch das weitere Vorgehen Zeit gewinnen. Und da man nicht wissen konnte, was sich im Senegal und am deutschen Verhalten gegenüber den Schutz suchenden Flüchtlingen ändern würde, war Zeit ein wichtiger Aspekt. Für Eugenie bedeutete Zeit zu gewinnen eine große Belastung, bedeutete: nicht wissen, wie es weitergehen würde, nicht arbeiten können, Seraba nicht sehen, nicht wirklich leben können. Aber Zeit gewinnen hieß auch, und das war Eugenie sehr klar, überhaupt leben zu können, wenn auch auf unterstem Level. Im Senegal war ihr Leben bedroht, nur zu gut erinnerte sie sich an die Morddrohungen ihrer „Freunde". Zeit gewinnen hieß, nicht zurück in den Senegal zu müssen, wo sie – wenn sie am Leben blieb – auf jeden Fall mit Gefängnis rechnen musste.

Und so beschloss sie mit der Anwältin zusammen, einen weiteren Asylantrag, den sogenannten Asylfolgeantrag, zu stellen. Dafür mussten allerdings neue Beweise her, die sie vorher noch nicht eingebracht hatten. Aber Eugenie hatte in der Zeit des Nebels ja so gut wie gar nichts eingebracht, also musste sich doch etwas finden lassen. Es war dumm von ihr gewesen, jetzt im Rückblick betrachtet, das Handy mit der Sim-Karte, auf der die ganzen Drohanrufe gespeichert gewesen waren, einfach im Gully zu versenken. Aber dieser Fehler war nicht wieder gutzumachen und wer wusste schon, was geschehen wäre, wenn der oder die Falsche ihr Handy in die Finger bekommen hätte. Die Anwältin bat Eugenie, einfach zu erzählen. Alles, was ihr einfiel, zu ihrem Leben im Senegal, wie sie mit ihrer Liebsten im Verborgenen leben und lieben musste, wie ihre Eltern sie verheiraten wollten, wie ihre Brüder herausfanden, dass sie lesbisch war, wie sie von ihnen geschlagen und von Freunden und Bekannten bedroht worden war. Eugenie hatte das meiste schon aufgeschrieben und übergab die Zettel jetzt der Anwältin. Und sie erzählte ihr alles noch einmal und noch einiges mehr, was ihr während des Erzählens wieder einfiel. Plötzlich erinnerte sich Eugenie an das Fahndungsfax, das in der Pension von Mme. Robert angekommen war. Vielleicht hatte die es ja aufbewahrt und konnte Eugenie eine Kopie davon schicken. Diese Idee gefiel der Anwältin. Damit könnten sie vielleicht wirklich etwas erreichen, wenn sie schwarz auf weiß vorlegten, dass Eugenie gesucht wurde. Sie sollte sofort schreiben oder noch besser anrufen und versuchen, schnell an das Fax zu kommen, sagte die Anwältin. Es gebe Fristen, die sie einhalten mussten, und wenn die Papiere zu spät kamen, konnten sie nicht mehr verwendet werden. Dann verabschiedete sich Eugenie mit Angst und Hoffnung im Bauch und vielen Gedanken und Fragen im Kopf. Sie würde heute Abend Seraba anrufen, auch wenn es teuer war. Aber Seraba musste schnellstmöglich versuchen, an das Fax zu kommen. Und Seraba anrufen hieß, sie würde ihre Stimme hören. Heute Abend noch. Sie konnte es kaum erwarten.

Ablauf des Asylverfahrens

Zuständig für die Durchführung des Asylverfahrens ist das Bundesamt für Migration und Flüchtlinge (BAMF) in Nürnberg. Auf dem Gelände der jeweiligen Erstaufnahmeeinrichtung befindet sich ein Büro des BAMF.

In einer Anhörung werden die Flüchtlinge nach den Gründen für ihren Asylantrag befragt. Auf dieser Grundlage wird über Anerkennung oder Ablehnung des Antrags entschieden. Bei etwa einem Drittel aller Asylanträge kommt es erst gar nicht zur Durchführung eines Asylverfahrens.

Nach der Ablehnung eines Asylantrags können die Flüchtlinge einen Asylfolgeantrag stellen, wenn sich seit Beginn des Verfahrens die Rechtslage geändert hat (d. h., die Situation im Herkunftsland hat sich grundlegend geändert oder es sind neue Beweise für die Verfolgung aufgetaucht, die bisher im Verfahren noch nicht vorlagen).

Nach der Ablehnung des Asylantrags kann vor dem Verwaltungsgericht eine Klage eingereicht werden. Wird über diese negativ entschieden, so ist das Asylverfahren beendet.

Sobald sie sicher war, dass Seraba Feierabend hatte und zu Hause angekommen sein musste, nahm Eugenie das Handy in die Hand. Aber sie wählte nicht gleich. Sie legte sich die Worte zurecht, die sie sagen wollte. Seraba sollte nicht erfahren, wie schlecht es ihr in Wirklichkeit ging, und sie wappnete sich gegen den Schmerz, den die Stimme der Geliebten in ihr verursachen würde. So sehr sie sich freute, so sehr fürchtete sie sich auch.

Sie telefonierten lange und Eugenie sagte mehr, als sie vorgehabt hatte. Und auch was sie nicht sagte, konnte Seraba dennoch hören. Beide brachen nach dem Telefongespräch zusammen. Seraba in ihrer Wohnung im Senegal und Eugenie in ihrem kleinen Zimmer in der heruntergekommenen ehemaligen Kaserne in Deutschland. Im Gespräch schienen sie sich so nahe und waren doch so weit voneinander entfernt. Und jede spürte, wie sehr die andere unter der Trennung litt – und konnte doch nichts daran ändern.

Dann war wieder Warten angesagt. Warten auf das Fax, um das sich Seraba kümmern wollte. Warten auf das Ergebnis, das sie damit erreichen konnten. Warten, was die Zukunft für sie bereithielt. Ein Tag reihte sich an den anderen. Die Tage unterschieden sich kaum voneinander, wurden nur unterbrochen von den Besuchen bei Frau Meyer und vom Eintreffen des Lebensmittel-LKWs. Ab und zu gesellte sich Eugenie inzwischen abends zu den anderen Bewohnern der Kaserne, wenn diese sich um die alte Blechtonne versammelten, in der das Feuer loderte. Eugenie war die einzige Frau, die zum Feuer kam. Sie war, seit Betty die Kaserne verlassen hatte, überhaupt die einzige Frau, die ohne Mann und Kinder im Lager lebte. Eugenie wusste nicht, ob sie willkommen war am Feuer, aber sie konnte sich auch kaum mit den anderen verständigen. Und so stand sie einfach da, wärmte sich und sah in die

Flammen. Wenn sie lange genug ins Feuer starrte, so sah sie darin alles, was sie einmal gehabt und verloren oder zurückgelassen hatte. Es machte sie manchmal traurig, aber das Feuer beruhigte sie auch irgendwie, wenn es, ohne sich um irgendetwas zu kümmern, einfach so vor sich hin brannte. Je nach Wind flackerte es wild oder brannte ganz ruhig. Aber es brannte und ließ sich nicht beirren, und darin fand Eugenie – warum, wusste sie nicht, wollte es auch nicht wissen – Trost und Ruhe und sie konnte eine Zeit lang ihre Angst, ihre Sehnsüchte und ihre Verlorenheit vergessen. Irgendwann hatte sie sich mit einem Jungen angefreundet, der eines Abends am Feuer aufgetaucht war, einsam und schweigsam wie sie. Sie standen lange still nebeneinander und kamen dann langsam und mühsam miteinander ins Gespräch. Der Junge kam aus Afrika, wie sie, aber Afrika war groß und seine Sprache war nicht die ihre. Beide konnten ein wenig Englisch und behalfen sich, wenn nötig, mit Zeichensprache. Er war mit einem Schiff über das Mittelmeer nach Griechenland gekommen. Auf der Flucht hatte er seine Familie verloren. Vielleicht waren sie ertrunken, vielleicht waren sie anderswo an Land gekommen als er. Er war nun ganz auf sich allein gestellt. Eigentlich hätte er in Griechenland bleiben müssen, um dort sein Asylverfahren abzuwarten. Aber die meisten, die mit ihm warteten, wurden wieder zurückgeschickt. Also machte er sich eines Tages heimlich davon und schaffte es irgendwie, nach Deutschland zu kommen. Hier war er nun, hatte eigentlich noch weniger Chancen als in Griechenland, denn nur wer direkt aus der Heimat nach Deutschland kam, wurde überhaupt als Antragsteller für Asyl akzeptiert. Aber da er noch nicht erwachsen war, galten für ihn andere Regeln, jedenfalls hoffte er darauf, hatte davon gehört und versuchte nun, sich schlau zu machen und einen Weg zu finden, wie er bleiben konnte.

Unbegleitete minderjährige Flüchtlinge

Viele minderjährige Flüchtlinge (mehrere Hundert pro Jahr) kommen ohne Eltern in Deutschland an. Wer unter 16 Jahre alt ist, wohnt meistens in einer Jugendhilfeeinrichtung. Minderjährigen Flüchtlingen wird ein Vormund zugeteilt. In sogenannten Clearingverfahren (nicht in allen Bundesländern üblich) soll herausgefunden werden, ob Angehörige in Deutschland leben, welche Fluchtgründe die Jugendlichen haben und welche Zukunftsaussichten für sie in Deutschland bestehen.

Wer zwischen 16 und 17 Jahre alt ist, gilt nach dem Ausländerrecht als „handlungsfähig" und wird mit Erwachsenen gleichgestellt. Das bedeutete lange Zeit die Unterbringung im Sammellager, aber seit 2005 sollen auch diese Jugendlichen in einer Jugendhilfeeinrichtung untergebracht werden. Doch gibt es für diese „handlungsfähigen" Jugendlichen keine Hilfestellung beim Asylverfahren.

Oft ist das Alter der minderjährigen Flüchtlinge nicht hundertprozentig klar und die Behörden nehmen in diesen Fällen gerne an, dass die Jugendlichen älter sind, als sie behaupten. Sie werden dann wie Erwachsene behandelt.

Einzelheiten zu erklären und zu verstehen fiel beiden nicht leicht, da weder der Junge noch Eugenie gut Englisch sprach. Aber sie fühlten sich einander nahe und das tat gut. Dennoch trafen sie sich immer nur abends am Feuer. Was er sonst den ganzen Tag über machte, wusste Eugenie nicht, wollte es auch nicht wissen. Er war ihr Feuerfreund, der sich mit ihr gemeinsam wärmte, mit dem zusammen sie stundenlang schweigend in die Flammen sehen konnte, und damit war sie zufrieden.

Morgens blieb sie lange im Bett liegen und versuchte, mit der Decke über dem Kopf die Welt und ihre Sorgen fernzuhalten. Meist gelang es ihr nicht, aber die Wärme und die Dunkelheit unter der Decke, in die sie sich einkuschelte, gaben ihr ein bisschen Schutz vor dem Draußen, das sie zum größten Teil als Bedrohung empfand.

So zerrannen die Tage langsam und sinnlos und manchmal wurden sie von kleineren oder großen Katastrophen unterbrochen. Kleinere Katastrophen wie dem Brand in der Küche, als plötzlich eine Pfanne mit heißem Öl in Flammen stand und das Feuer sich in der alten Holzdecke festzubeißen drohte. Irgendwer hatte die Feuerwehr gerufen und für kurze Zeit war Programm geboten. Fast alle hatten sich eingefunden und die Unterbrechung der Langeweile genossen.

Große Katastrophen waren zwar auch Unterbrechungen, aber niemand war daran interessiert. Alle fürchteten sie. Große Katastrophen waren in erster Linie die Abschiebungen, die es immer wieder gab. Wenn Bewohner und Bewohnerinnen abgeholt und zum Flughafen gebracht wurden, wo sie mit anderen abgelehnten Hilfesuchenden aus anderen Städten in eine Maschine gesteckt wurden. Eine Maschine, die sie dorthin flog, wo einmal ihr Zuhause gewesen war, wohin sie aber nicht mehr zurückkehren wollten. Armut erwartete sie dort, Perspektivlosigkeit, oft

Gefängnis und manchmal der Tod. Das Flugzeug nahm darauf keine Rücksicht und sonst auch niemand, wenn Richter und Gesetze befunden hatten, dass kein Anspruch auf Hilfe vor all diesem drohenden Unglück bestand. Gesetze waren mehr wert als Freiheit und Leben. Nicht nur im Senegal, sondern, wie es schien, überall auf der Welt. Wer Glück hatte, fand jemanden, der die Gesetze zu seinen Gunsten auslegen oder ausdehnen konnte. Wem dies nicht gelang, der hatte keine Chance. Eugenie konnte stundenlang darüber grübeln, ohne je eine logische Erklärung zu finden, geschweige denn einen Ausweg.

Und nun war wieder eine solche Katastrophe passiert. Am Tag danach wirkte die Kaserne wie ein aufgestörter Bienenstock. Es lag ein aggressives Summen über dem Hof und in den Fluren des Gebäudes, das immer kurz vor der Explosion zu stehen schien, sich aber nicht entlud. Am Tag zuvor hatten sie eine Roma-Familie aus dem zweiten Stock abgeholt, die zurück in den Kosovo geschickt werden sollte. Erst am Flughafen hatten die Beamten bemerkt, dass auf ihrer Anweisung Vater, Mutter und drei Kinder standen, sie aber nur zwei Erwachsene und ein Kleinkind angetroffen und mitgenommen hatten. Noch war Zeit genug bis zum Abflug und plötzlich ging eine junge Frau, die als Verwaltungsbeamtin die Rückführung der Familie überwachen sollte, auf die Mutter, die ihr Kind im Arm hielt, zu und riss das Kleine an sich. Schnell brachte sie ein paar Polizeibeamte zwischen sich und die erschrockenen Eltern und forderte die Mutter auf, ihr zu sagen, wo die anderen zwei Kinder wären, sonst würde sie ihr Baby nicht mehr wiederbekommen. Völlig schockiert erzählte die Mutter, die beiden wären auf einer Ferienfreizeit. Eine Kirchengemeinde in der Stadt stellte schon seit Jahren ein paar kostenlose Plätze für Kinder aus der Kaserne zur Verfügung, was immer gerne angenommen wurde, um wenigstens den Kindern einmal eine Abwechslung vom grauen Alltag zu ermöglichen. Dies war kein Geheimnis. Es musste ja sogar eine Genehmigung eingeholt werden, bevor die Kinder mitfahren durften.

Die junge Frau drückte das schreiende Kind einem Polizisten in die Arme, der es an die Mutter weiterreichte, und begann sofort, hektisch zu telefonieren. Da es keine Zugverbindung mehr gab, um die Kinder rechtzeitig aus dem Ferienlager zur Abschiebung auf den Flughafen zu bringen, wurde der Vater, der seine Frau nicht allein zurücklassen wollte, mit Gewalt in die Maschine gezerrt und die Mutter samt Kleinkind zurück in die Kaserne gebracht. Völlig am Boden zerstört wartete sie nun auf die Rückkehr ihrer beiden Kinder aus dem Ferienlager. Die Kirchengemeinde hatte mittlerweile energisch gegen diese Vorgehensweise protestiert. Auch Jeff und ihre Freunde waren am Flughafen gewesen und hatten sofort die Zeitung alarmiert. Die junge Frau von der Behörde wurde angezeigt und infolge der ganzen Aktionen wurde die Abschiebung der Mutter und ihrer drei Kinder erst einmal ausgesetzt. Niemand wusste, wie es nun weitergehen würde.

Es summte und brummte in der Kaserne. Eine Spannung lag in der Luft, die der kleinste Funke hätte zur Explosion bringen können. Aber es geschah nichts. Irgendwann gingen alle wieder auseinander, zurück in die Hoffnungslosigkeit und die Lethargie, die sich ihrer schon lange bemächtigt hatte.

Auch Eugenie ging zurück in ihre kleine Welt. Sie hätte zwar gerne der Frau geholfen, die nun allein mit ihrem Baby im zweiten Stock saß, sich vermutlich um den Vater sorgte, der heute abgeschoben worden war, und sich schrecklich davor fürchtete, dass ihre Kinder aus dem Ferienlager zurückkamen und mit ihr gemeinsam in den nächsten Flieger gesetzt wurden. Aber Eugenie wusste nicht wie. Sie hatte die Frau noch nie bewusst wahrgenommen, konnte sich mit ihr nicht verständigen und fühlte sich sehr hilflos. Sie würde Jeff fragen, ob es nicht irgendetwas gab, was sie tun könnte, um ihr wenigstens ein bisschen zur Seite zu stehen.

Am anderen Tag war Frau-Meyer-Tag. Eugenie war immer noch äußerst aufgeregt und versuchte, Frau Meyer mit einer Mischung aus Deutsch und Englisch zu erklären, was geschehen war. Die hatte bereits in der Zeitung davon gelesen, sonst hätte sie vermutlich auch nicht verstanden, was Eugenie ihr erzählen wollte. Auch Frau Meyer war entsetzt und außerdem schämte sie sich, da es ja ihre Landsleute waren, die so mit den Flüchtlingen umgingen. Eugenie wusste nicht, wie sie reagieren sollte. Frau Meyer hatte eigentlich keinen Grund, sich zu schämen. Eugenie war ihr immer noch sehr dankbar für das geschenkte Fahrrad und außerdem war Frau Meyer zweimal die Woche für sie da, um ihr Deutsch beizubringen und sich, ganz nebenbei, ihre Sorgen anzuhören. Aber sie verstand auch ein wenig, was in Frau Meyer vorging. Auch sie hätte sich nicht gut gefühlt, wenn sie in ihrer Haut gesteckt hätte.

Ein paar Tage später tauchten in der Kaserne Flugblätter auf, die von Flüchtlingen in anderen Städten berichteten, die sich nicht mehr alles gefallen lassen wollten. Sie wollten keine Essenskisten mehr, sondern Geld, sie wollten nicht mehr in alten, heruntergekommenen Gebäuden außerhalb der Städte leben. Sie wollten mehr Möglichkeiten für ihre Kinder, sie wollten arbeiten dürfen und sie wollten mehr Rechte im Asylverfahren und mehr Schutz vor der Abschiebung in das Elend, vor dem sie geflohen waren. Und sie wollten ein Ende der Residenzpflicht, die ihnen verbot, den Landkreis, in den sie *umverteilt* worden waren, zu verlassen, sodass es ihnen unmöglich war, Freunde und Verwandte zu treffen, die oft nur ein paar Kilometer entfernt wohnten, aber eben jenseits der Landkreisgrenze. Unterschiedliche Städtegruppen hatten verschiedene Forderungen aufgestellt. Die einen traten in den Hungerstreik, die anderen bauten Zelte im Stadtpark auf, weil sie lieber im Freien als im Lager übernachten wollten – aber alle gemeinsam waren sie aufgestanden, hatten das Wort ergriffen und machten sich bemerkbar. Sie wollten nicht mehr die bevormundeten Flüchtlinge sein, mit denen man machen konnte, was man wollte. Nein, sie traten ein für ihre Rechte und ihre Interessen, und sie verlangten lautstark Gehör.

Abends am Feuer gab es heftige Diskussionen, ob es gut oder eher schlecht wäre, so offensiv an die Öffentlichkeit zu gehen. Die Meinungen gingen auseinander, aber es wurde diskutiert, und als der Morgen schon nicht mehr weit war, stand immer noch eine Handvoll Männer um das alte Ölfass herum, in dem nur noch eine kleine Flamme brannte. Da ihr Feuerfreund nicht da war, hatte sich Eugenie irgendwann zurückgezogen, beobachtete aber durch ihr Fenster, was weiter geschah. Sie konnte zwar nichts verstehen, aber es schien so, als ob die Männer sich einig darin waren, dass es auch für sie Zeit würde, ihr Schicksal wieder selbst in die Hand zu nehmen.

Als Eugenie am andern Morgen erwachte, roch sie den Rauch der noch glimmenden Glut. Aber der Hof war leer und sie wusste nicht, hatte sie geträumt oder war wirklich die ganze Nacht diskutiert und geplant worden? Da weiter nichts geschah und das Kasernenleben in den nächsten Tagen seinen üblichen Lauf nahm, vergaß Eugenie den vergangenen Abend bald wieder.

Am folgenden Samstag klopfte abends Jeff an Eugenies Tür. „Kommst du mit zur Frauenparty?“ „Was für eine

Frauenparty?“, fragte Eugenie. Im Kulturzentrum war an diesem Abend Disco nur für Frauen. Alle acht Wochen fand so etwas statt, erklärte Jeff. Früher hatte es jedes Wochenende Frauendisco gegeben, in der Mehrzahl waren es lesbische Frauen, die sich dort einfanden. Aber in der letzten Zeit war es nicht mehr so gut gelaufen und so hatten die Veranstalterinnen die Abstände zwischen den Partys vergrößert. Eugenie hatte keine rechte Lust, fürchtete sich auch ein bisschen vor dem, was sie dort erwartete. Aber sie wollte Jeff nicht enttäuschen, die extra zu ihr herausgefahren war, um sie abzuholen. Und so stimmte sie zu, stieg auf ihr Fahrrad und radelte mit Jeff zusammen in die Stadt. Sie kamen ziemlich früh an. Die Bar war zwar schon geöffnet, es gab auch schon Musik – allerdings noch aus der Büchse, da die DJane noch nicht gekommen war –, aber der größte Teil des Publikums komme erst nach 23 Uhr, erklärte Jeff. Sie setzten sich an die Bar und Jeff bestellte für beide. „Ich lade dich ein“, sagte sie zu Eugenie. Denn Jeff war klar, dass bei dem bisschen Geld, das die Flüchtlinge bekamen, ein Ausflug in die Disco, auch wenn es sich hier um eine mehr oder weniger private Veranstaltung mit entsprechend billigeren Preisen handelte, das Budget sprengen würde. Eugenie bestellte eine Cola und sah sich um. Es waren erst fünf Frauen da, außer denen, die hinter der Theke arbeiteten, aber langsam füllte sich der Raum. Eugenie, die mit Jeff am Tresen saß, fühlte sich von allen, die hereinkamen, begutachtet. Die meisten schienen sich zu kennen, auch Jeff war bekannt. Da fiel jedes neue Gesicht auf. Sie war sich dessen bewusst und fühlte sich wieder einmal anders – außen vor. Ein bekanntes Gefühl, zu Hause war es schon so gewesen, weil sie nicht wie die anderen einen Freund aufzuweisen hatte. Hier in Deutschland war sie eine schwarze Frau unter fast nur Weißen und fühlte sich wieder anders. Aber jetzt war es nicht nur das.

Sie kam sich vor, als würde sie mit Blicken abgetastet, beurteilt und in eine Schublade gepackt. *Das geht wohl allen so, die sich neu hierher wagen*, dachte Eugenie. *Da muss ich einfach durch. Später bin ich nicht mehr neu, dann falle ich auch nicht mehr auf und bin eine von ihnen.*

Eugenie hielt sich an ihrer Cola fest, lehnte sich, als Jeff auf die Tanzfläche ging, in einer Ecke des Raumes an die Wand und beobachtete Jeff, wie sie tanzte, völlig der Musik hingegeben und alles um sich herum vergessend. Eugenie hatte noch nie in der Öffentlichkeit getanzt und wollte sich auch jetzt nicht von allen beobachten lassen. Mit Seraba allein hatte es ihr Spaß gemacht, da konnte sie sich bewegen, wie sie wollte, aber unter Beobachtung schaffte sie das nicht. Sie beobachtete Jeff und die anderen Frauen, die nach und nach auf die Tanzfläche kamen. Sie sah überall Frauenpaare, die sich verliebt ansahen, sich im Arm hielten und sich küssten. Das war etwas völlig Neues für Eugenie. Im Senegal hatten sie nicht gewusst, ob es irgendwo einen Treffpunkt für Lesben gab. Sie hatten keine einzige gekannt und auch nicht gewagt, sich zu erkundigen. Eugenie wusste nicht recht, was sie fühlte. Sie genoss es einerseits sehr zu sehen, wie Frauen öffentlich und ohne Furcht ihre Liebe zueinander zeigen konnten, zugleich litt sie aber unter einer entsetzlichen Sehnsucht nach Seraba. Jede Berührung, jeder Blick, jeder Kuss, den sie beobachtete, schmerzte sie, als ob ihr Inneres von riesigen Fäusten zusammengequetscht würde.

Irgendwann hielt sie es nicht mehr aus. Sie musste raus hier. Jeff war irgendwo verschwunden und Eugenie bat die Frau hinter der Theke, ihr zu sagen, dass sie schon gegangen war.

Eugenie trat in die Pedale, als wäre die ganze Welt hinter ihr her. Zurück in ihrem Zimmer legte sie sich ins Bett, zog die Decke über den Kopf und versuchte, an nichts zu denken. Sie konzentrierte sich auf den Schmerz in ihrem Inneren und hoffte, darüber zu vergessen, wo sie war, wer sie war und in welcher Welt sie sich nach dem Aufwachen wieder zurechtfinden musste.

Als Jeff das nächste Mal in die Kaserne kam, hatte sie eine neue Idee, die Eugenie vorübergehend ablenkte und von der Langeweile erlöste: Sie wollte versuchen, eine Gruppe aufzubauen, in der sich Flüchtlingsfrauen unter sich treffen konnten. Einfach so, um Kaffee oder Tee zu trinken, sich auszutauschen, Kontakte zu knüpfen und um der Einsamkeit im Lager zu entkommen – Jeff wollte einfach sehen, was sich so ergab. Sie schaffte es tatsächlich, einen Raum in der Kaserne für die Frauen zu bekommen. Eigentlich hätte sie lieber einen Treffpunkt außerhalb des Lagers eingerichtet, aber manche Frauen, die mit ihren Männern im Lager lebten, durften die Kaserne nicht allein verlassen. Anderen war die Busfahrt, zusammen mit den Kindern, die sie nirgendwo unterbringen konnten, zu kompliziert, und wieder andere waren einfach noch zu unsicher. Sie wagten sich nicht in die unbekannte Stadt, da sie gerade ganz neu aus dem Erstaufnahmelager gekommen waren.

Eugenie half Jeff dabei, den seit Jahren ungenutzten Raum einigermaßen gemütlich zu machen. Sie putzten einen ganzen Tag lang. Sie schrubbten den Boden, reinigten die Fenster und machten unzählige Spinnen heimatlos, indem sie ihre Netze mit einem Besen von der Decke holten.

Am nächsten Tag kam Jeff mit einem Eimer Farbe und zwei Malerrollen an, und am Abend war der Raum weiß und hell geworden und Jeff und Eugenie fielen fast um vor Lachen, als sie sich gegenseitig begutachteten. Von oben bis unten waren beide weiß gesprenkelt. In Eugenies schwarzem Gesicht kamen die weißen Punkte allerdings wesentlich besser zur Geltung als bei der blassen Jeff.

Nachdem sich die beiden wieder beruhigt hatten, säuberten sie sich notdürftig an Eugenies kleinem Waschbecken und verabredeten sich für den nächsten Tag. Dann wollten sie in der Stadt billige Stoffe und Kissen kaufen, um den Treffpunkt einigermaßen gemütlich einzurichten.

Und dann war es schließlich so weit. Jeff, Eugenie und noch zwei andere Frauen aus Jeffs Gruppe zogen von Zimmer zu Zimmer und luden die Flüchtlingsfrauen für den nächsten Mittwochnachmittag in den neuen Treffpunkt ein. In der Zwischenzeit hatten sie noch einen kleinen Tisch organisiert, auf dem ein Wasserkocher und ein paar Tassen standen, und als zum vereinbarten Zeitpunkt ungefähr zehn Frauen und einige Kinder eintrafen, stand einem gemütlichen Nachmittag nichts mehr im Weg. Nichts – außer dem grundlegenden Problem, dass sich die wenigsten miteinander verständigen konnten. Zehn Frauen mit acht verschiedenen Nationalitäten hatten sich versammelt und nur wenige von ihnen sprachen Englisch. So saßen sie zunächst schweigend da, tranken ihren Tee, lächelten sich unsicher an und wussten nicht recht, wie sie sich verhalten sollten. Irgendwie wurde der Nachmittag dann aber doch ganz schön. Eugenie versuchte sich in Englisch, Deutsch und Französisch. Jeff sprach ein paar Brocken Türkisch und hatte noch eine Freundin mitgebracht, die in Deutschland geboren war, deren Eltern aber vor Jahren aus Kurdistan geflohen waren. Sie hieß Solmaz und sprach außer Deutsch sowohl Kurdisch als auch Türkisch fließend. Dann begann jemand zu singen und schließlich brachen alle in Gelächter aus, als ein paar versuchten, sich mit Händen und Füßen zu verständigen.

Die Treffen fanden eine Zeit lang regelmäßig statt, durch den dauernden Wechsel der Beteiligten kamen aber keine wirklichen Gemeinsamkeiten zustande. Immer wieder kamen neue Frauen dazu, andere wurden abgeschoben oder erhielten in seltenen Fällen ein Aufenthaltsrecht und konnten mit ihren Familien in eine eigene Wohnung ziehen. Und so schlief das Projekt nach nicht allzu langer Dauer wieder ein. Eugenie hatte aber doch ein paar Kontakte geknüpft in dieser Zeit und traf sich auch weiterhin ab und zu mit Solmaz, die nur durch einen glücklichen Zufall noch in Deutschland lebte, inzwischen auch einen gesicherten Aufenthalt hatte und jetzt Theaterpädagogik studierte.

Solmaz war in Deutschland als Tochter kurdischer Flüchtlinge geboren. Sie hatte noch zwei Brüder und eine Schwester. Die Familie hatte jahrelang in einem kleinen Dorf in Norddeutschland gelebt und auf den Ausgang ihres Asylverfahrens gewartet. Die Kinder besuchten die Schule, pflegten Kinderfreundschaften, wie alle anderen Kinder auch, und fühlten sich zu Hause. Nur die zwei älteren Brüder waren noch in der Türkei geboren, die beiden Mädchen waren erst in Deutschland zur Welt gekommen. Hier war, genau wie für ihre deutschen Mitschülerinnern, ihre Heimat. Auch die älteren Brüder kannten Kurdistan nur aus den Erzählungen ihrer Eltern. Als sie fliehen mussten, waren sie noch viel zu klein gewesen, um sich daran erinnern zu können.

Als Solmaz 13 Jahre alt war, kam die Ausreiseaufforderung, und um einer gewaltsamen Abschiebung zu entgehen, entschlossen sich die Eltern zur sogenannten „freiwilligen" Ausreise. Solmaz erinnerte sich noch an jeden einzelnen Schrecken dieser Zeit. Ein 13-jähriges Mädchen, das nichts kannte als seine deutsche Umgebung, sollte nun plötzlich in der Türkei „zu Hause" sein. Sie musste sich von ihren Freundinnen verabschieden, von Verwandten, die bleiben durften, sie musste die Schule verlassen, ihre

Zukunftspläne aufgeben – einfach alles sollte nun plötzlich verloren sein und eine völlig unbekannte, bedrohliche Welt wartete auf sie. Während sie erzählte, begann Solmaz zu weinen. Es kam alles wieder hoch und doch wollte sie darüber reden, wollte Eugenie erzählen, wie es ihr ergangen war.

Sie hatte geschrien und geweint – so erzählte sie weiter, als sie sich wieder gefangen hatte – und sich immerzu gefragt: „Warum wir? Warum müssen wir gehen? Was haben wir getan?"

Niemand konnte ihre Fragen beantworten und schließlich musste sie mit den anderen in das Auto ihres Onkels steigen, das die Familie zum Flughafen brachte. Und dort stellte sich dann heraus, dass irgendwelche Dokumente fehlten. Die Ausreise konnte nicht vollzogen werden, die Abschiebeandrohung wurde ausgesetzt und alle fuhren wieder zurück in die leere Wohnung. Die Familie erhielt eine Duldung und lebte sechs Jahre lang in der dauernden Angst, doch noch abgeschoben zu werden. Alle paar Monate musste die Duldung beim Ausländeramt verlängert werden – jedes Mal ein Behördengang voller Angst, statt der Duldung eine Ausreiseaufforderung zu bekommen. Die Geschichte war schließlich noch gut ausgegangen: Aus humanitären Gründen war der Familie ein dauerhaftes Bleiberecht gestattet worden.

Aber Solmaz konnte nicht vergessen, wie gedemütigt sie sich in den ganzen Jahren gefühlt hatte, wie groß ihre Angst gewesen war, ihre Heimat doch noch verlassen zu müssen. Und noch heute war diese Unsicherheit in ihr – auch wenn sie wusste, dass ihr Aufenthalt gesichert war –, ob nicht doch noch jemand den Boden unter ihren Füßen wegziehen würde.

Eugenie wusste nicht, ob ihr Solmaz Geschichte Angst oder Mut machte. Sie nahm die Studentin in den Arm und sie saßen schweigend lange zusammen.

Die beiden jungen Frauen trafen sich noch ein paar Mal in der Stadt, dann waren die Semesterferien zu Ende. Solmaz musste ihr Studium wieder aufnehmen und verschwand aus Eugenies Leben.

Dann kam der Winter.

Als der erste Schnee fiel, wurde Eugenie zum Kind. Mit offenem Mund stand sie auf dem Hof der Kaserne und versuchte, Schneeflocken einzufangen, um sie auf der Zunge zergehen zu lassen. Sie rollte kleine Kügelchen – für große gab es noch nicht genug von der weißen Pracht – und baute Schneemenschen, Schneetiere und Schneehäuser als Miniaturen. Als sie allerdings auf ihrer Fahrt zu Frau Meyer in einer Kurve in hohem Bogen vom Fahrrad fiel, weil sie den Schnee auf der Fahrbahn fahrtechnisch einfach ignoriert hatte, verlor sie die Lust am deutschen Winter. Es war nichts passiert, ihr nicht und dem Fahrrad auch nicht, aber Eugenie misstraute nun dem weißen Zeug, das vom Himmel fiel. In den folgenden Tagen wurde es nicht besser. Es schneite zwar immer nur kurz und auch nicht allzu viel, aber es blieb düster, die Tage wurden immer kürzer und die Nächte umso länger. Die Heizung in Eugenies Zimmer kämpfte einen zwar tapferen, aber doch aussichtslosen Kampf gegen die Kälte, die durch das undichte Fenster mit der viel zu dünnen Scheibe, die unisolierten kalten Außenwände und den breiten Spalt unter der Tür ins Zimmer eindrang. Nach einer Woche hatte Eugenie nicht nur die Freude am Schnee und die Lust am Winter verloren, es war nicht einmal ein Fünkchen Sympathie übrig geblieben. Sie hielt sich vorwiegend im Bett auf, da war es wenigstens warm, und wenn sie den Kopf unter der

Decke versteckte, dann war es unerheblich, ob es draußen hell oder dunkel, Vormittag oder Nacht war. Eugenie wünschte sich, sie könnte den Winter einfach verschlafen, wie sie das von Tieren in kalten Gegenden gelesen hatte. Aber es gelang ihr nicht.

Die Zeit wurde ihr noch länger als bisher, was eigentlich fast unmöglich war, und die trüben Tagen, die ohne Unterbrechung, einer auf den anderen, einander folgten, brachten sie an den Rand einer ernsthaften Depression.

Als dann noch die Nachricht von Seraba kam, dass Mme. Robert das Fax, das beweisen sollte, dass Eugenie im Senegal von der Polizei gesucht wurde, nicht mehr finden konnte, verlor Eugenie den letzten Rest an Energie und Widerstandskraft.

Der Winter verging langsam und zäh, aber er verging, wie die Zeit immer verging. Was sollte sie auch sonst tun? Eugenie schlief viel, lag fast die ganze übrige Zeit wach im Bett und gab sich dem drehenden Rad in ihrem Kopf hin. Jeff war für ein halbes Jahr nach Paris gegangen, um dort ein Praktikum zu machen. Was sie dort arbeitete, hatte Eugenie vergessen. Der Nebel schickte seine wabernden Schwaden aus, um Eugenie wieder einzufangen, und es gelang ihm immer wieder, allerdings nicht mehr so dauerhaft und ohne jede Unterbrechung wie in den ersten Wochen, die Eugenie in Deutschland verbracht hatte. Einmal in der Woche holte sich Eugenie ihre Essenskiste vom LKW, die sie dann beim blauen Bulli auf dem Hof weiterverkaufte. Hin und wieder fuhr sie zu Frau Meyer, wenn es die Straßenverhältnisse erlaubten. Wenn es gar nicht mehr zu umgehen war, nahm sie den Bus und fuhr in die Stadt zum afrikanischen Laden. Weder zu Jeffs Leuten noch zu den anderen in der Kaserne hatte sie einen wirklichen Draht gefunden. Sie blieb allein. Ihr Feuerfreund war eines Tages verschwunden, niemand wusste, wo er geblieben war, und auch Eugenie hatte seither nichts mehr von ihm gehört. Sie hatte einmal versucht, sich an den Treffen zu beteiligen, als es um die Selbstorganisierung der Flüchtlinge ging. Aber nachdem sie dort nur Männer getroffen und auf deren wiederholte Fragen („Hast Du einen Mann?“, „Hast Du einen Freund?“) nicht zu antworten gewusst hatte, war sie nicht mehr hingegangen.

Immer wieder trafen auch neue Frauen im Lager ein, aber Eugenie blieb die einzige, die kein Kind hatte und keinen Mann. Und sie wusste auch auf die immer wieder gestellte Frage der Frauen, warum sie ganz allein unterwegs war, nicht zu antworten. Lügen wollte sie nicht, und die Wahrheit zu erzählen hatte sie keinen Mut. So blieb sie einsam und der Nebel versuchte sein Bestes, sie wieder in seine Gewalt zu bekommen.

Und dann stand eines Tages Seraba vor der Tür.

Es hatte geklopft und Eugenie war missmutig aus ihrer warmen Höhle unter der Bettdecke gekrochen, um die Tür zu öffnen. Wer konnte etwas von ihr wollen? Jeff war noch in Paris, Frau Meyer wusste, dass Eugenie nicht besucht werden wollte – sie schämte sich für die heruntergekommene Umgebung, in der sie hauste. Hausen musste zwar, aber dennoch wollte sie hier keine Gäste empfangen.

Missmutig stand sie auf, missmutig drehte sie den Schlüssel um, öffnete die Tür – und erstarrte. Was sie sah, konnte nicht Wirklichkeit sein. Sie hatte Halluzinationen. Glaubte, Seraba zu sehen, und das versetzte sie in Panik. Eugenie schloss die Tür, stürzte zum Waschbecken und spritzte sich eisiges Wasser ins Gesicht. Da klopfte es erneut und die Stimme, deren Klang sie so sehr vermisst hatte, war zu hören: „Eugenie, mach auf. Ich bin es doch, Seraba. Kennst du mich nicht mehr?“

Eugenie machte einen Satz zum Eingang, riss an der Tür – sie hatte vergessen, dass sie den Schlüssel umgedreht hatte –, schloss auf, riss die Tür dieses Mal nun wirklich auf und stürzte in Serabas Arme. Sie weinte, als ob ein Wasserrohr geplatzt wäre. Seraba schob sie sanft rückwärts ins Zimmer, ohne sie loszulassen, warf die Tür mit einem Fuß zu und hielt Eugenie fest umschlungen in ihren Armen. Auch sie weinte, aber bei Seraba handelte es sich eher um ein kleines Rinnsal. Mehr kam noch nicht zum Vorschein, so sehr hatte sie allen Schmerz und alle Tränen seit Monaten mühsam unterdrückt.

Seraba war glücklich und entsetzt zugleich. Sie hielt ihre Liebste in den Armen, endlich. Wie sehr sie Eugenie vermisst hatte, spürte sie erst jetzt mit ganzer Intensität, küsste ihr Gesicht, ließ keinen Quadratzentimeter aus, und warf zugleich neugierige und fassungslose Blicke durch Eugenies Zimmer. Wie musste ihre Liebste leben? Schon von außen hatte sie die Kaserne erschreckt, aber hier in diesem Zimmer wurde noch deutlicher, wie kahl, kalt und ungemütlich Eugenie es seit Monaten aushalten musste. Sie konnte kaum glauben, was sie sah.

Seraba hatte sich nach dem Gespräch mit ihrem Vater zusammengerissen. Hatte versucht, wieder so zu arbeiten, wie das von ihr erwartet wurde und wie man es von ihr gewohnt war. Sie hatte sich nach einer längeren Wartezeit um einen neuen Pass bemüht und den alten als verloren gemeldet. Es war der Passbehörde bereits bekannt gewesen, dass eine andere als Seraba mit ihrem Pass nach Deutschland eingereist war. Da aber keinerlei Verbindungen zwischen Seraba und Eugenie gefunden werden konnten, wurde ihr problemlos ein neuer Pass ausgestellt. Lediglich die Ermahnung, besser auf ihre Papiere acht zu geben, bekam Seraba mit auf den Weg.

Dann suchte Seraba das Gespräch mit ihrem Vater. Sie bat ihn, sie für einige Zeit nach Europa zu schicken. Sie sei an ihre Grenzen gestoßen und das mache sie unzufrieden, erklärte sie ihm glaubhaft. Sie wolle mehr lernen, neue Erfahrungen machen, die sie für ihre Arbeit nutzen könnte, und wo wäre das besser möglich, als bei den europäischen Geschäftspartnern? Ihr Vater, der sich Serabas chronische Niedergeschlagenheit nicht hatte erklären können, war froh, dass seine Tochter von sich aus einen Weg suchte, um aus dem Tief herauszukommen, und stimmte zu.

Ein paar Wochen später konnte Seraba zu einem Praktikum im Unternehmen seines englischen Freundes aufbrechen. In England hatte sie dann alles daran gesetzt, sich beliebt zu machen und einen baldigen Urlaub genehmigt zu bekommen, um zu Eugenie zu fahren. Und jetzt war sie da.

Eine Woche konnte Seraba bleiben. Eine Woche, das waren sieben Tage und sieben Nächte, viel zu kurz. Und doch – heute, am ersten Tag, schien es den beiden eine kleine Ewigkeit, die da vor ihnen lag. Sie nutzten die Zeit, die sie hatten, so gut es ging. Sie schliefen kaum, waren immer unterwegs, um der ungemütlichen Umgebung zu entfliehen. Nur wenn sie sich in Eugenies Bett liebten, verlor der Raum seine abweisende Kälte auch für Seraba.

Eugenie hätte Seraba gerne mit zu Frau Meyer genommen und sie ihr vorgestellt, aber sie hatte hin und wieder im Gespräch gemeint, aus Frau Meyers Worten eine Ablehnung gegenüber Liebesbeziehungen zwischen Frauen herauszuhören. Eugenie hatte deshalb mit Frau Meyer nicht mehr über dieses Thema gesprochen und sie wollte sich nun die glücklichen Tage mit Seraba nicht durch irgendwelche Misstöne verderben lassen.

Sie liefen Hand in Hand durch die Straßen der Stadt, saßen eng aneinander gedrückt in den Cafés oder kuschelten sich im örtlichen Kino aneinander, und keine von ihnen konnte sich anschließend an auch nur eine einzige Filmszene erinnern. Sie genossen die Tage, als gäbe es keine Zukunft, und vermieden jeden Gedanken an die Zeit nach Serabas Abreise, die viel zu schnell näher kam.

Dann musste Seraba wieder nach England und ließ eine völlig am Boden zerstörte Eugenie zurück, die mit einem Schlag von der Zukunft, die sie so gekonnt verdrängt hatte, eingeholt worden war. Wieder blieb sie allein, wieder fühlte sie sich verloren im Nichts. Wusste nicht, wie es weitergehen sollte – mit ihrem Leben und mit ihrer gemeinsamen Zukunft mit Seraba, die wieder so unerreichbar schien. Der Nebel kroch wieder durch die Ritzen ins Zimmer und versuchte, Einlass in Eugenies Kopf zu bekommen. Die Tage liefen träge dahin, wie vor Serabas Besuch, fast sogar noch träger und aussichtsloser, ohne Inhalt, ohne Hoffnung. Nur angefüllt bis zum Rand mit der Angst vor dem, was kommen würde.

Dann kam eines Tages Jeff zurück. Zwar nur für ein paar Tage, denn es war bald Weihnachten, und da alle anderen nach Hause gefahren waren, wollte sie auch nicht allein in Paris bleiben.

Jeff brachte Eugenie einen Stapel französischer Zeitungsausschnitte und Broschüren mit. Alle drehten sich um die sogenannten „sans papiers", die Illegalen in Frankreich und der Schweiz, die sich wesentlich besser organisiert hatten, als die Papierlosen in Deutschland, die es zwar auch geben musste, von denen Eugenie aber bislang nichts gehört hatte. Eugenie beschloss, sich alles irgendwann anzusehen. Im Moment fühlte sie sich nicht dazu in der Lage.

Weihnachten war für Eugenie eine Zeit wie jede andere auch. Sie bewunderte die Lichter in der Stadt, die plötzlich überall auftauchten und leuchteten, und sie wunderte sich über die vielen Bäume, die plötzlich überall herumstanden und mit elektrischen Kerzen geschmückt waren. Sogar in die Eingangshalle der Kaserne fand eine mickrige Tanne den Weg, behängt mit Kerzen, die allerdings nur hin und wieder einmal aufblinkten.

Am ersten Weihnachtsfeiertag war sie bei Frau Meyer eingeladen, die sich selbst über die Weihnachtstage sehr einsam fühlte und für Eugenies Gesellschaft dankbar war. Jeff kam auch noch einmal vorbei, bevor sie wieder abfuhr – und dann waren die Weihnachtstage auch schon wieder um.

Das neue Jahr kam ziemlich unspektakulär. Der Übergang vom alten ins neue wurde in der Kaserne kaum bemerkt. Nur das laute Krachen aus der Stadt durchbrach die Stille der Abgeschiedenheit in einer Nacht, die hier nur eine von vielen scheinbar nicht enden wollenden Nächten war.

Dann verschwanden die Bäume und Lichter wieder und die Tage wurden ganz langsam länger.

Irgendwann konnte Eugenie wieder auf ihrem Plastikstuhl sitzen, die Beine an die Mauer oder auf eine Holzkiste gestützt, und aus der Tasse ohne Henkel ihren Kaffee trinken. Zunächst ließ sich die Sonne nur kurze Zeit blicken, aber dann wurden die sonnigen Stunden von Tag zu Tag mehr. Mit der Sonne kam auch wieder mehr Leben in Eugenie. Sie ackerte die Zeitungen gründlich durch, die Jeff ihr an Weihnachten mitgebracht hatte, und sie beteiligte sich auch hin und wieder an den Treffen, die die Leute vom Kulturzentrum mit den Flüchtlingen veranstalteten. Aber sie war und blieb die einzige Frau aus der Kaserne, wagte es nicht, viel von sich preiszugeben, aus Angst, wegen ihrer Liebe zu Seraba abgelehnt zu werden. Und so fühlte sie sich weiterhin einsam und allein. Auch die Abende am Feuer begannen wieder, ihr Feuerfreund aber war und blieb verschwunden und Eugenie fragte sich, wie lange das wohl so weitergehen würde, dass das Leben an ihr vorbeizog wie der Fluss an ihrem geheimen Ort im Senegal. Wie der Fluss brachte es mal diese, mal jene Kleinigkeit mit sich, aber der Fluss hatte sie getröstet und beruhigt, während das vorbeiziehende Leben sie ängstigte und ihr die Hoffnung nahm, irgendwann wieder Zugang zu diesem, ihrem Leben zu finden.

Eugenie hatte schon fast vergessen, dass es bei den Gesprächen am Feuer einmal darum gegangen war, wie sich die Flüchtlinge organisieren könnten, um mehr Rechte und bessere Lebensbedingungen für sich einzufordern, als sich das Gerücht verbreitete, ein großer Protestzug von Flüchtlingen wäre unterwegs nach Berlin und würde auf seinem Weg auch an der Kaserne Halt machen. Einige der Männer, vor allem alleinstehende, aber auch zwei, die mit ihren Familien hier untergebracht waren, hatten wohl doch nicht nur geredet, wie Eugenie gemeint hatte, sondern Kontakt mit Flüchtlingen in anderen Städten aufgenommen, und sie beteiligten sich nun am Marsch Richtung Hauptstadt.

Nach einem wochenlangen Hungerstreik einiger Flüchtlinge in Süddeutschland war der Protestzug dort aufgebrochen. Zu Fuß und mit Bussen wollten sie im Laufe mehrerer Wochen bis nach Berlin reisen, um dem deutschen Parlament ihre Forderungen zu übergeben. Mit dem Protestmarsch sollte die Öffentlichkeit über die bestehenden Missstände informiert und den Forderungen der Flüchtlinge mehr Nachdruck verliehen werden. Bessere Lebensbedingungen, keine Unterbringung in Sammellagern und vor allem ein Ende der Residenzpflicht wollten sie erreichen und dafür setzten sich einige von ihnen über das Verbot hinweg, die Stadt, in der sie lebten, zu verlassen, und nahmen die drohenden Strafen in Kauf.

Auf ihrem Weg machten sie in vielen Sammelunterkünften Halt und demonstrierten vor Ort für das Recht auf menschenwürdige Unterbringung und ein lebenswertes Leben.

Gerne hätte sich Eugenie an diesem Marsch der Flüchtlinge beteiligt und sie hatte lange überlegt, ob sie sich anschließen sollte, wenn der Protestzug die Kaserne erreicht hatte und dann Richtung Berlin weiterzog. Doch sie fürchtete sich zu sehr vor den möglichen Folgen für ihr Asylverfahren, die eine Verletzung der Residenzpflicht vielleicht mit sich bringen würde. Sie konnte nicht riskieren, wieder in den Senegal zurückgeschickt zu werden.

Aber es hielt sie nicht in ihrem Zimmer, als die Busse endlich auf den Hof rollten und die Flüchtlinge eine lautstarke Kundgebung abhielten. Sie hatte schon den ganzen Vormittag am Fenster gesessen und gewartet, und dann kamen sie. Eugenie sah vor allem viele Männer, die aus den Bussen stiegen, aber auch einzelne Frauen, die ganz anders aussahen und auftraten als die, die sie in der Kaserne gesehen hatte.

Bunt und auffällig gekleidet hielten sie Transparente hoch und sprachen und sangen in ein Megaphon, das von Hand zu Hand ging.

Es hielt Eugenie nicht lange in ihrem Zimmer am Fenster, sie sprang auf und lief auf den Hof, wo sie sich unter die protestierenden Menschen mischte. Ein lange nicht mehr gekanntes Gefühl von Wärme und Zusammengehörigkeit machte sich in ihr breit und sie vergaß, dass sie nicht wusste, was werden würde, und wie allein sie sich in der Welt fühlte.

Und plötzlich – Eugenie wusste hinterher nicht mehr, wie es dazu gekommen war – hielt sie selbst das Megaphon in der Hand und erzählte ihre Geschichte. Zuerst mit vor Aufregung brüchiger Stimme, dann immer flüssiger und mit sicher formulierten englischen Sätzen. Irgendwann hatte sie alles gesagt, es kamen keine Worte mehr und Eugenie stand da, erschrocken über sich selbst und das, was sie da angerichtet hatte. Wie würde es weitergehen, jetzt, da alle über sie Bescheid wussten? Aber sie fühlte sich auch irgendwie befreit und war ein bisschen stolz auf sich selbst. Eine Frau nahm Eugenie das Megaphon aus der Hand und eine andere schloss sie in ihre Arme. Hielt sie ganz fest. Die beiden standen so eine scheinbare Ewigkeit, in Wirklichkeit dauerte dieser Moment nur kurze Zeit. „Bleib hier", sagte die Frau zu Eugenie. „Du musst vorsichtig sein. Pass auf dich auf!" Sie hatte wohl gespürt, dass Eugenie kurz davor stand – entgegen ihren Ängsten und ihrem Vorsatz – sich dem Protestmarsch nach Berlin anzuschließen.

Dann waren die Menschen und die Busse wieder weg. Der Hof der alten Kaserne war noch leerer und noch stiller als sonst.

Am Abend fand Eugenie einen Zettel in ihrer Tasche. „Kein Mensch ist illegal – Flüchtlinge fordern Rechte", stand auf der Vorderseite. Auf die Rückseite waren von Hand eine Handynummer und ein paar Worte geschrieben: „Wenn Du Hilfe brauchst, melde Dich."

Eugenie bewahrte den Zettel auf wie ein kleines Heiligtum. Die ersten Tage, nachdem der Protestzug weitergereist war, lebte sie in einer seltsamen Mischung von Gefühlen. Sie trug die Wärme der Gemeinsamkeit und der Umarmung in und mit sich, war stolz auf sich selbst und schwebte ein wenig in ihrem Hochgefühl über dem Boden. Zugleich aber hatte sie Angst. Sie glaubte, jeder in der Kaserne hätte ihre Worte gehört und würde sie nun begutachten. Sie fürchtete sich vor Begegnungen im Haus und sie scheute die Abende am Feuer. Doch niemand sprach sie an, keiner beschimpfte sie und im Lauf der Wochen kam Eugenie wieder auf den Boden. Die Euphorie verschwand, aber auch die Angst. Zurück blieben nur ein kleines warmes Gefühl, wenn sie an die Umarmung dachte, und ein Zettel, der für Eugenie so etwas wie ein Rettungsring war. Wenn alles schief ging, dann konnte sie immer noch die Handynummer anrufen.

Als sie Jeff, die nun schon seit einigen Wochen von ihrem Auslandspraktikum zurück war, auf den Hof radeln sah, spürte Eugenie, dass etwas geschehen sein musste. Sie nahm die Füße von der Holzkiste, richtete sich in ihrem ehemals weißen Plastikstuhl auf und wartete, bis Jeff ihr Fahrrad abgeschlossen hatte.

„Dein Asylfolgeantrag wurde abgelehnt." Jeff nahm sich den anderen Stuhl, setzte sich und sah zu Boden, als suchte sie dort die Lösung des Problems. Eugenie wurde kalt, von außen nach innen durchdrang sie eine eisige Kälte, obwohl die Sonne schon sehr viel Kraft hatte. Sie hatte gewusst, dass dieser Tag irgendwann kommen würde. Jeff hatte schon lange versucht, sie darauf vorzubereiten, dass die zu erwartende Entscheidung mit fast hundertprozentiger Sicherheit eine Entscheidung gegen sie sein würde, aber Eugenie hatte dennoch insgeheim immer noch auf einen positiven Ausgang gehofft. „Du kannst dagegen klagen, aber das ist keine Versicherung, dass du nicht abgeschoben wirst."

Beide schwiegen, wussten nicht, was es noch zu sagen gab. „Wie lange noch?", fragte Eugenie dann. Jeff zuckte mit den Schultern. „Sie werden dir einen Brief schicken, wenn es so weit ist. Sie werden dir mitteilen, bis wann du ausreisen musst und wann dein Flugzeug geht. Und wenn du nicht freiwillig gehst, wirst du abgeholt und mit Gewalt abgeschoben. Wann das sein wird, das weiß niemand."

Eugenie kämpfte gegen die Kälte, die sie innerlich wie äußerlich erstarren ließ und die nun aus ihrem Inneren auch auf das Gehirn zugreifen wollte. „Und nun? Ich kann nicht zurück!"

Jeff sah sie unglücklich an. Sie war nicht zum ersten Mal Zeugin einer so ausweglosen Situation und sie hasste ihre Rolle als Überbringerin solch endgültiger und fast unerträglicher Entscheidungen. Und sie schämte sich auch, zu diesem Land zu gehören, das so mit Menschen umging, die Zuflucht suchten.

„Es gibt noch die üblichen Auswege", versuchte Jeff möglichst undramatisch zu erklären. „Aber ich kann dir keine Hoffnungen machen. Du kannst heiraten, einen deutschen Mann oder in deinem Fall wohl besser eine deutsche Frau. Doch das ist zwar eine Chance, bedeutet aber keine endgültige Sicherheit. Die Behörden sind misstrauisch und überprüfen solche Ehen und Lebenspartnerschaften sehr genau und immer wieder. Sicherheit gibt dir nur, ein Kind von einem Deutschen zu bekommen, aber das wirst du nicht wollen – und es wäre auch nicht fair gegenüber dem Kind, finde ich."

Eugenie schüttelte den Kopf. Das war nichts für sie. Ein Kind kam nicht in Frage. Und heiraten? Sie konnte sich das nicht vorstellen, eine Ehe auf dem Papier, und sie wusste auch nicht, mit wem das sein sollte. Trotzdem wollte sie in Ruhe noch einmal darüber nachdenken.

„Es gibt dann noch die Möglichkeit eines Kirchenasyls. Wir haben da auch schon einmal was erreicht. Manchmal nimmt eine Kirchengemeinde Flüchtlinge auf, um sie vor der Abschiebung zu schützen, denn jemanden aus der Kirche zu holen, das wagen die Behörden nicht. Aber …" – nur zögernd sprach Jeff dieses Thema an – „… ich glaube nicht, dass das in deinem Fall klappen würde, denn die Kirchen und viele Gemeindemitglieder haben Probleme mit Homosexualität. Ich glaube nicht, das sie dich dort aufnehmen würden."

Still saßen die beiden auf ihren unbequemen Stühlen und starrten Löcher in die Luft und in den Boden. Dann musste Jeff gehen. Sie verabschiedete sich nur kurz von Eugenie und wandte sich schnell ab und ihrem Fahrrad zu. Aber Eugenie hatte die Tränen in Jeffs Augen dennoch gesehen.

Seraba war schon lange wieder zu Hause im Senegal. Sie hatte Eugenie noch ein zweites Mal besuchen wollen, aber die Gelegenheit hatte sich nicht mehr geboten vor ihrer Abreise.

Als Eugenie an diesem Abend anrief, wusste sie, noch bevor sie abhob, dass etwas Schlimmes geschehen war. „Seraba …" Eugenie unterdrückte ein Schluchzen. „Es ist aus. Sie haben den Asylantrag abgelehnt." „Du kannst nicht hierher zurückkommen, Eugenie, sie suchen dich bestimmt noch immer. Es muss einen anderen Ausweg geben. Denk nach, ich denke auch nach." Sie schwiegen noch eine lange Zeit, keine wollte auflegen und die Verbindung unterbrechen.

Nach der Ablehnung des Asylantrags

... erfolgt die Aufforderung zur Ausreise, meist innerhalb eines Monats. Reisen die abgelehnten Asylsuchenden dann nicht „freiwillig" aus, erfolgt die Abschiebung.

Mehrere Tausend Flüchtlinge werden jährlich – fast immer im Flugzeug – in ihre Herkunftsländer abgeschoben. Manchen Flüchtlingen gelingt es, sich zu verstecken und in der Illegalität zu leben.

Illegalität bedeutet aber: keine offizielle Wohnung, keine Arbeit, kein Arztbesuch und keinerlei Perspektive für die Zukunft. Dies ist für die meisten Betroffenen nur äußerst schwer über längere Zeit auszuhalten.

Reisen Flüchtlinge nicht freiwillig aus, werden sie mit Gewalt ins Flugzeug gebracht. Hierbei werden oft Zwangsmittel wie Abgabe von Medikamenten zur Ruhigstellung und Fesselung angewandt.

Manche Flüchtlinge werden, damit sie nicht vor der Abschiebung in die Illegalität abtauchen, schon lange vorher in Abschiebehaft genommen. Sie bleiben manchmal bis zu 18 Monaten im Gefängnis und werden dann von dort aus direkt ins Flugzeug gebracht.

KAPITEL 7

Eugenie saß im dunklen Zimmer – nicht auf gepackten Koffern, denn sie besaß nur einen Rucksack. Der aber war gefüllt mit allem, was sie hatte. Sie wartete. Jeff und die anderen hatten ihr gesagt, sie kämen meist im Morgengrauen.

Der Termin des Abschiebeflugs stand schon seit einigen Tagen fest. Sie würden noch andere Flüchtlinge aus dem Senegal abholen und zum Flughafen bringen, und gemeinsam würden sie dann „nach Hause" fliegen. Eugenie hatte böse Geschichten von diesen Abschiebungen gehört, die sie kaum glauben wollte. Flüchtlinge, die sich wehrten, wurden gefesselt, bekamen Medikamente zur Ruhigstellung, manche sollten an sogenannten Brechmitteln erstickt sein. Wenn man großes Theater veranstaltete, könnten die Flugkapitäne sich weigern zu starten, hatte sie auch gehört. *Könnten.*

Sie würde Seraba wiedersehen. Oder vielleicht auch nicht. Vielleicht standen sie schon am Flughafen und nahmen sie gleich mit ins Gefängnis.

Als der Morgen graute, kamen sie. Mit drei Autos fuhren sie auf den Hof der alten Kaserne, die noch im Schlaf zu liegen schien. Aber das täuschte. Viele Augen beobachteten die Frauen und Männer, die mit großen karierten Plastiktaschen ausstiegen, in denen sie die Sachen von Eugenie mitnehmen wollten, falls diese nicht freiwillig gepackt hatte. Sie würden sie mitnehmen, ob sie wollte oder nicht. Manche von ihnen spürten in ihrem Inneren etwas, das einmal ein schlechtes Gewissen gewesen war, und Empathie oder Mitgefühl mit der Person, die sie zum Flughafen bringen sollten. Aber sie durften diese Gefühle nicht zulassen, sonst könnten sie ihren Job nicht machen. Und es war nun einmal ihr Job. Sie brauchten das Geld und sie fühlten sich auch wohl unter den Kollegen und mit ihrer Arbeit. Meistens. Aber welcher Beruf hatte nicht auch seine unangenehmen Seiten? Also hatten sie gelernt, diese Gefühle auf dem Grund ihres innersten Inneren zu belassen und ihnen nicht weiter nachzuspüren. Manche von ihnen allerdings machten auch mit Freude, was sie tun mussten.

Zahlreiche Augen beobachteten aus den Fenstern der alten Kaserne verstohlen, was sich da im Morgengrauen abspielte. Wer zu Hause Probleme mit der Polizei gehabt hatte, tat sich schwer, die Angst zu unterdrücken und den Drang wegzulaufen. Aber sie hatten gelernt, dass sie in einem Land lebten, in dem Ordnung herrschte. Bevor man in die Hände der Verfolger, ins Gefängnis oder in den Tod abgeschoben wurde, bekam man einen Brief. So waren die Spielregeln. Auch wenn von Beginn an feststand, wer verlieren würde, so hielt man sich doch an die Spielregeln. Sie hatten keinen Brief bekommen, deshalb liefen sie nicht weg, sondern versuchten, ruhig zu bleiben und sich einzureden, dass bei ihnen alles anders kommen würde. Sie würden bleiben dürfen in diesem Land der Spielregeln.

Die Frauen und Männer mit den karierten Taschen betraten die Kaserne und standen vor Eugenies Tür, die direkt neben dem Eingang lag. Einer klopfte, und als sich Eugenie nicht rührte, trat er die Tür ein. Erst hinterher sah er den Schlüssel, der von außen steckte.

Das Zimmer war leer. Im Spind, dessen Tür offen stand, waren eine Tasse ohne Henkel und eine alte Zeitung. „Sans Papiers fordern eigene Rechte“, stand in großen Lettern auf der Titelseite.

Hilfe für von der Abschiebung bedrohte Flüchtlinge

Wichtig ist in jedem Fall, sich rechtzeitig über den Aufenthaltstitel von befreundeten oder bekannten Flüchtlingen zu informieren, nicht erst, wenn die Abschiebung kurz bevor steht.

Beratungsstellen vor Ort können aufgrund der Papiere der Flüchtlinge frühzeitig feststellen, wann bzw. ob eine Abschiebung zu erwarten ist.

Steht eine Abschiebung bevor, so hilft auch hier vielleicht eine Beratung weiter. Außer der sogenannten „freiwilligen Rückkehr" anstelle einer gewaltsamen Abschiebung besteht in manchen Fällen auch die Möglichkeit einer Weiterwanderung in andere Länder.

Adressen regionaler Beratungsstellen und der Gruppen vor Ort, die Flüchtlinge während des Asylverfahrens unterstützen, gibt es bei Pro Asyl und den Flüchtlingsräten der Länder.

PRO ASYL

Postfach 16 06 24
60069 Frankfurt am Main
Beratungshotline:
Telefon: +49 (0)69 / 24 23 14 20
Mo. bis Fr.: 10:00 bis 12:00 Uhr und 14:00 bis 16:00 Uhr
Fax: +49 (0)69 / 24 23 14 72
E-Mail: proasyl@proasyl.de

Das Autorenhonorar für dieses Buch geht an den Verein Exil e. V. – Osnabrücker Zentrum für Flüchtlinge

Der Verein Exil e. V. wurde 1988 als eingetragener gemeinnütziger Verein in Osnabrück gegründet. Seither setzt sich der Verein in vielfältiger Form ein für die Belange der in Osnabrück lebenden Migranten und Migrantinnen, in erster Linie durch:

- Beratung und Unterstützung von Flüchtlingsfamilien und Einzelpersonen
- Öffentlichkeitsarbeit
- Kulturelle Aktivitäten
- Sprachkurse für Asylbewerber/Asylbewerberinnen

„*Migration hat vielfältige Ursachen. Wir haben nie danach differenziert, was die Motive dafür waren, wenn es darum ging, Hilfe anzubieten. Alle sind willkommen, die als Ausländer zu uns kommen mit ihrer spezifischen Problematik des Fremdseins in einem Land, das Schwierigkeiten damit hat, mit offenen Armen auf seine Neubürger zuzugehen. Dabei soll aber auch klar gestellt werden, dass uns die Flüchtlinge, die aus Furcht vor politischer Verfolgung oder weil sie vertrieben wurden, zu uns kamen, besonders am Herzen liegen. Sie sind innerhalb der Gruppe der Migranten diejenigen mit den wenigsten Rechten und befinden sich in der fragilsten aufenthaltsrechtlichen Situation.*“

Andreas Neuhoff, 1. Vorsitzender des Exil e. V. – Osnabrücker Zentrum für Flüchtlinge, www.exilverein.de

exil
Osnabrücker Zentrum
für Flüchtlinge

„ubuntu“

Literatur von und über Menschen,
die von der Gesellschaft zu Außenseitern
gemacht werden

ubuntu

im

Verlag 3.0

„ubuntu“ - Ein Anthropologe bot Kindern eines afrikanischen Stammes ein neues Spiel an. Er stellte einen Korb voller Obst in die Nähe eines Baumes und sagte ihnen, wer zuerst dort sei, gewinne die süßen Früchte. Als er das Startsignal gab, nahmen sie sich gegenseitig an den Händen und rannten alle zusammen los. Am Baum angekommen, setzten sie sich um den Korb und genossen gemeinsam ihre Leckereien. Als er sie fragte, weshalb sie so gelaufen waren, wo doch jeder und jede die Chance gehabt hätte, die Früchte für sich allein zu gewinnen, sagten sie: *„**Ubuntu.** Wie kann eines von uns froh sein, wenn all die anderen traurig sind?“*

Ubuntu in der Xhosa-Kultur bedeutet:

„Ich bin, weil wir sind.“

Jetzt bin ich hier

Eine Anthologie aus der Ubuntu-Reihe

Flüchtlinge sind nicht nur hilfsbedürftige Opfer, als die sie nur zu oft gesehen werden, sondern Menschen mit Kraft und Energie und mit Fähigkeiten, die sie nicht in ihrer Heimat zurücklassen, sondern mit in ihr neues Leben bringen. Zu diesen Fähigkeiten gehört auch das Schreiben und das Geschichten erzählen.

Diese Anthologie ist eine Sammlung von Texten zu den unterschiedlichsten Themen: Kurzgeschichten, Gedichte, sogar eine wissenschaftliche Arbeit finden sich hier. Die Texte befassen sich zu einem großen Teil mit Fluchtgeschichten und Fluchterfahrungen, handeln aber auch vom Arbeitsalltag, von Flugangst und allem, was zum Leben gehört. Die unterschiedlichen hier versammelten Texte zeigen sowohl anhand des Genres wie durch die Thematik das breite Spektrum der schreibenden Migrant/innen.

Maria Braig (Hrsg.)

Jetzt bin ich hier

Flüchtlings-Anthologie

ISBN 978-3-95667-134-0

Nennen wir sie Eugenie

Eine Flüchtlingsgeschichte nach wahren Begebenheiten nacherzählt von Maria Braig

Die junge Eugenie, die kurz vor Beginn ihres Studiums steht, muss den Senegal verlassen, weil ihre Liebe zu einer anderen Frau entdeckt wird. Eugenie flieht nach Deutschland, wo sie Schutz und Hilfe erhofft und um Asyl bittet. Das übliche Asylverfahren beginnt und sie muss alles über sich ergehen lassen, ohne wirklich zu verstehen, was die Behörden in diesem ihr so fremden Land mit ihr vorhaben.

Eugenie erlebt den Alltag in der Flüchtlingsunterkunft, einer heruntergekommenen ehemaligen Kaserne, bestimmt von Perspektivlosigkeit, Langeweile und der ständigen Angst vor der Abschiebung zurück in ihre Heimat, wo sie Gefängnis und die Morddrohungen ehemaliger Freunde erwarten. Eugenie trifft andere Geflüchtete, die alle ihre eigenen Schicksale mitbringen. Und sie trifft Jeff, eine deutsche Aktivistin, die sie unterstützt und in der sie eine Freundin findet. Gemeinsam versuchen sie alles, um Eugenies Abschiebung zu verhindern.

Maria Braig

Nennen wir sie Eugenie

Flüchtlings-Roman

ISBN 978-3-95667-061-9